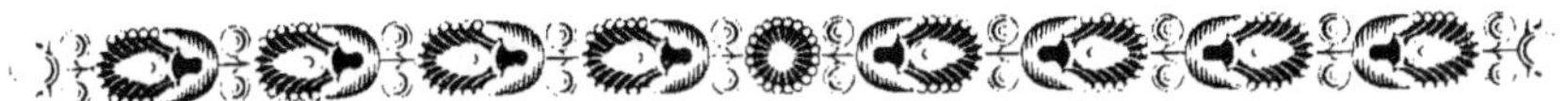

LE MARIAGE DE RAISON,

COMÉDIE-VAUDEVILLE EN DEUX ACTES.

PAR

MM. SCRIBE ET VARNER;

Représentée pour la première fois, à Paris, sur le théâtre du Gymnase Dramatique, le 10 octobre 1826.

DISTRIBUTION DE LA PIÈCE :

M. DE BREMONT, officier-général........... M. FERVILLE.

ÉDOUARD DE BREMONT, son fils, capitaine..... M. PAUL.

BERTRAND, sergent...... .... M. GONTIER.

PINCHON, fermier....................... M. NUMA.

SUZETTE, jeune orpheline, femme de chambre de

Mᵐᵉ de Bremont........................ Mˡˡᵉ LÉONTINE FAY.

Mᵐᵉ PINCHON, fermière................... Mᵐᵉ JENNY-VERTPRÉ.

PLUSIEURS CAVALIERS ET PLUSIEURS DAMES invités au château.

La scène est au château de M. de Bremont, dans le Lyonnais.

ACTE PREMIER.

Le théâtre représente une salle du château de M. de Bremont. Porte et deux croisées au fond.— Deux portes latérales. — La porte à gauche de l'acteur est celle de la chambre d'Édouard. — Auprès de cette porte, un guéridon sur lequel il y a une théière, une tasse et la soucoupe. — De l'autre côté, auprès de la porte, une table et deux fauteuils. — Au fond, à gauche, une psyché.

SCÈNE I.

SUZETTE, occupée à travailler près de la table à droite ; PINCHON, parlant à la cantonade.

PINCHON.

Soyez donc tranquille, cousin... je ne réveillerai personne, et j'attendrai qu'on soit levé... (Entrant et apercevant Suzette.) Eh! qu'est-ce que me disait donc Bertrand, mon cousin, que tout le monde dormait au château?... voilà mademoiselle Suzette qui est déja sur pied.

SUZETTE.

C'est monsieur Pinchon, le fermier de monsieur le comte. (Elle se lève*.)

PINCHON.

Eh! oui vraiment.... Aujourd'hui à cinq heures du matin, moi et ma femme, madame Pinchon, nous étions hors du lit... parcequ'à la ferme on dort aussi bien qu'au château : mais on dort plus vite, excepté le dimanche... car on fait son dimanche. Mais pardon, mademoiselle Suzette, ce sont là des détails de ménage... Ma petite femme m'a dit comme ça :

*Suzette, Pinchon

« Pinchon, je vais au marché, où tu viendras me rejoindre... Toi, pendant ce temps-là, va compter avec monsieur le comte, et lui apporter le prix de ses fermages; » car, afin que vous le sachiez, c'est aujourd'hui la Toussaint.

SUZETTE.

Oh! l'on sait combien vous êtes exact.

PINCHON.

C'est vrai... Au jour de l'échéance, faut que tout soit payé... point d'arriéré, point de retard : c'est ma femme qui m'a mis sur ce pied-là; parceque, là-dessus, madame Pinchon n'entend pas la plaisanterie.

AIR : Vaudeville du CHARLATANISME.

Depuis que de payer comptant
Ma femm' m'a fait prendr' l'habitude.
Nos richess's vont en augmentant :
V'là c' que c'est que l'exactitude.

SUZETTE.

Et vot' femme?

PINCHON.

Des r'mercîments :
Sur ell' n'ayez pas d'inquiétude;
Fraiche et vermeille...

SUZETTE.

Et vos enfants?

PINCHON.

Fort bien... Un de plus tous les ans ;
V'là c' que c'est que l'exactitude.

Mais vous ne venez plus à la ferme... voilà un siècle qu'on ne vous y a vue...

SUZETTE.

Il y a tant de monde au château que je ne l'ose quitter... Voilà quinze personnes au moins qui nous arrivent de la capitale... des belles dames, des jeunes gens à la mode .. On va à la chasse ou à la pêche le matin ; on joue la comédie tous les soirs... Hier encore il y avait un bal, où l'on a dansé jusqu'après minuit. Enfin , c'est la ville à la campagne... c'est Paris au milieu du Lyonnais.

PINCHON.

Dieux ! s'amusent-ils, ces Parisiens!... et c'est monsieur le comte qui reçoit... qui héberge tout cela. V'là un digne homme !...

AIR de l'Écu de six francs.

C'est un brave et bon militaire,
Un honnête homme, Dieu merci ;
Quand on s' mêl' d'etr' millionnaire,
Il faudrait l'être comme lui :
Aussi chacun l'aime à la ronde ;
Car son bras est à son pays,
Son cœur est à tous ses amis,
Et sa fortune à tout le monde.

Et son fils, not' jeune maître, c'est un gaillard, celui-là ! ah ! ah !...

SUZETTE.

Taisez-vous donc... ne parlez pas si haut, car il est là ; il dort. (Désignant la chambre à gauche.)

PINCHON.

Ah! c'est la porte de sa chambre... Est-ce qu'il est malade, par hasard ?

SUZETTE.

Eh! vraiment oui... Hier, il est sorti de ce bal avec la fièvre : et cela n'a fait qu'augmenter cette nuit... du moins, à ce que m'a dit Bertrand, qui est déja entré dans son appartement...

PINCHON.

Ça ne m'étonne pas... Avec un air si doux et si gentil... il parait que c'est un diable, du moins à ce que m'a dit madame Pinchon ; et, quand on est le fils d'un général, qu'on a dix-huit ans, de la fortune et une jolie tournure , on fait tout ce qu'on veut... n'est-ce pas, mademoiselle Suzette?... Mais vous-même, qu'avez-vous donc?... Plus je vous regarde , et plus je vous trouve changée ; non pas que vous ne soyez toujours fraiche et bien gentille... mais les autres années vous étiez si gaie... si étourdie... toujours sautant, toujours courant... et maintenant je vous vois triste et rêveuse... Est-ce que, par hasard, il vous serait survenu des chagrins?

SUZETTE.

Est-il étonnant d'en avoir, lorsqu'on est orpheline, lorsqu'on est seule au monde ?

PINCHON.

Seule!... vous ne l'êtes pas... N'avez-vous pas été recueillie et élevée par madame la comtesse, auprès de laquelle vous étiez femme de chambre, il est vrai, mais qui vous a toujours traitée comme son enfant ; et après la mort de cette digne dame, son mari, à qui elle vous a recommandée, n'a-t-il pas toujours eu pour vous les mêmes soins?... la même tendresse?... Et voyez-vous, mademoiselle Suzette, j' gagerais que l'intention de M. le comte est de vous donner une dot et un épouseur... tout le monde le dit dans le pays.

SUZETTE.

Il serait vrai !... Je l'en remercie ; mais je ne tiens pas à me marier.

PINCHON.

Bah! madame Pinchon disait aussi comme vous ; et maintenant, demandez-lui-en des nouvelles... En tout cas, et si vous vous décidez , j'ai un parti à vous proposer... un parti auquel je pense depuis long-temps... mais ma femme vous en parlera... parceque, dans notre ménage, c'est moi qui ai les idées, et c'est elle qui a la parole.

(On entend une sonnette dans la chambre du fond.)

SUZETTE.

Tenez, tenez, c'est M. le comte qui sonne son valet de chambre ; il vous dira si vous pouvez entrer.

PINCHON.

AIR : Dieu tout-puissant, par qui le comestible.

Dépêchons-nous, il sortirait peut-être,
Et je m'en vais, en fermier diligent,
A son lever, offrir à notre maitre,
Mes humbl's respects, ainsi que mon argent.
(A Suzette.)
Pour vous, quittez cet air triste et sévère ;
Que la gaité vienne charmer vos jours ;
Et si l' château ne vous en offre guère,
V'nez à la ferme, on en trouve toujours.

ENSEMBLE.

SUZETTE.

Dépêchez-vous, etc., etc.

PINCHON.

Dépêchons-nous , etc.

(Pinchon sort par le fond.)

SCÈNE II.

SUZETTE, seule.

(Elle va s'asseoir sur le fauteuil auprès de la table à droite.)

De la gaité !... ils n'ont que cela à dire... et il a bien fait de s'en aller... Je ne conçois pas comment ils peuvent être gais ; j'ai beau faire, depuis une heure... je suis là à travailler, et

je pense à tout, excepté à mon ouvrage...
(*S'approchant de la porte à gauche, et écoutant.*) Je
n'entends rien... il repose... tant mieux...
Dieux! la porte s'ouvre!

SCÈNE III.

SUZETTE ; ÉDOUARD, s'appuyant sur le bras de
BERTRAND.

BERTRAND.

Ne craignez rien, mon capitaine... je suis là
pour soutenir le corps d'armée.

SUZETTE, courant à lui.

Y pensez-vous, Bertrand... avec votre jambe?

ÉDOUARD, prenant le bras de Suzette.

Elle a raison... Tu aurais besoin, toi-même,
de soutien.

BERTRAND, frappant sur sa jambe.

Laissez donc... c'est aussi solide qu'une autre... et quand ça casse, on en a de rechange...
Vous ne pourriez pas en dire autant.

SUZETTE, donnant toujours le bras à Édouard, et le
conduisant vers le fauteuil qui est à droite.

Ne vous pressez pas, et appuyez-vous sur
moi... Comment cela va-t-il ce matin?

ÉDOUARD, s'asseyant.

Mal... Je souffre horriblement.

BERTRAND.

Allons donc, mon capitaine; qu'est-ce que
de s'écouter comme une petite-maîtresse?...
Je vous ai vu marcher gaîment sous le feu du
canon... et pour un misérable accès de fièvre...
voilà que vous avez le frisson...

ÉDOUARD.

Tu en parles bien à ton aise... Si tu avais
dansé hier, comme moi, douze contre-danses...

BERTRAND.

Il est de fait que dans le moment, je ne pour-
rais pas en faire autant, parceque chez moi les
amours et les zéphyrs ça n' bat plus que d'une
aile... Mais vous, morbleu!...

SUZETTE.

N'allez-vous pas le gronder, parcequ'il souffre... et lui faire mal à la tête?

BERTRAND.

C'est juste... je n'entends rien à tout cela...

Air : Au temps heureux de la chevalerie.

Des médecins et de la pharmacie
Un bon soldat connaît peu les secrets :
Est-il blessé... le schnick et l'eau-de-vie
D'une compresse ont bientôt fait les frais.
Et je m' souviens qu' souvent à l'ambulance
Pour nous panser quand arrivait l' flacon,
    (Faisant le geste de boire.)
En d'dans, morbleu, je prenais l'ordonnance,
Et la victoire ach'vait la guérison.

(Pendant ce couplet, Suzette va s'asseoir auprès de la table,
à la droite d'Édouard.)

Aussi je vous laisse avec mademoiselle Suzette, parcequ'en fait de garde-malade, elle

vaut mieux que moi... si attentive... si dili-
gente... Ce matin, vous ne croiriez pas qu'elle
était levée à quatre heures.

ÉDOUARD.

Il se pourrait?

BERTRAND.

Peut-être plus tôt; car, en sortant de votre
appartement, je l'ai trouvée qui m'a demandé
de vos nouvelles avec tant d'intérêt, que ça
m'en a fait peur... je vous ai cru plus malade
que vous n'étiez.

ÉDOUARD.

Bonne Suzette!

BERTRAND.

Vous avez raison, c'est une bonne fille; ça
ne fait pas de phrases ni d'embarras, comme
toutes les femmes de chambre de ces dames,
qui font tant de coquetteries dans l'antichambre,
que quelquefois on se croirait au salon...
Mais en revanche, c'est modeste, c'est honnête, c'est attaché à ses maîtres... c'est sage
sur-tout; car parmi tous ces jeunes gens, vos
amis, il n'y en a pas un qui n'en soit amoureux,
et qui ne coure après elle.

ÉDOUARD, se levant.

Vraiment!

BERTRAND.

Eh bien, qu'est-ce que vous faites donc? v'là
ses vertigots qui le reprennent... Je vous le
laisse, mademoiselle Suzette, tâchez de le calmer... (A part.) C'est fini, je n'y tiens plus; elle
est trop gentille... (montrant sa jambe) et malgré
les inconvénients, en avant... (Suzette passe de
l'autre côté du théâtre, s'approche du guéridon et verse
dans la tasse.) Je vais, de ce pas, me consulter
avec le cousin Pinchon, qui vient d'arriver au
château, et de là la demander à mon général,
parceque, dans ce monde, il faut toujours marcher droit, autant que possible... Adieu, mademoiselle Suzette... adieu, mon capitaine...
    (Il sort.)

SCÈNE IV.

ÉDOUARD, SUZETTE.

ÉDOUARD.

Adieu, mon brave... En voilà un qui est bien
le meilleur soldat et le plus mauvais garde-
malade que je connaisse.

SUZETTE.

Comment vous trouvez-vous?

ÉDOUARD.

Mieux... depuis que je suis ici.

SUZETTE.

Eh bien, ne parlez pas; je vais travailler auprès de vous... ou bien, je vous lirai, si vous
l'aimez mieux. (Elle prend une chaise, se place à la
gauche d'Édouard, et se met à travailler.)

ÉDOUARD.

Comme tu voudras.

Air : *Ainsi que vous, je veux, mademoiselle.*

D'autre docteur il n'est pas nécessaire.

SUZETTE.

Je serai le vôtre aujourd'hui :
Il faut rester et tranquille et vous taire,
C'est mon arrêt, et je l'ordonne ainsi.
Pour vous forcer au repos, au silence,
Je reste là.

ÉDOUARD.

Moyen très incertain !
Car je suis sûr d'oublier l'ordonnance
En regardant le médecin.

SUZETTE, *allant prendre sur le guéridon, à gauche, la tasse qu'elle présente à Édouard.*

Ne regardez pas, monsieur, et prenez ce que je vous donne.

ÉDOUARD.

Eh mais ! Suzette, comme ta main tremble !

SUZETTE.

Oui... oui... je craignais de renverser. (*Pendant qu'il boit.*) Cela vous fait du bien, n'est-ce pas ?... Cela doit vous calmer, vous rafraîchir. (*Au moment où elle veut prendre la soucoupe, Édouard saisit sa main qu'il porte à ses lèvres.*) Eh mais... que faites-vous ?

ÉDOUARD.

Ne m'est-il pas permis de te remercier ?

SUZETTE.

Édouard... Édouard, finissez... vous voulez que je m'en aille. (*Elle s'éloigne de lui, et s'avance sur le bord du théâtre.*)

ÉDOUARD, *se levant et allant à elle.*

Suzette, n'es-tu pas la fille adoptive de ma mère?... n'es-tu pas ma sœur?... n'avons-nous pas été élevés ensemble?.. Autrefois tu ne te défiais pas de mes caresses... à présent elles te font de la peine.

SUZETTE.

A moi ?... ce ne serait rien, peu importe ; mais c'est à vous qu'il faut penser... Vous souffrez, vous êtes malade... Hier, avoir suivi cette chasse pendant cinq heures, et puis danser à ce bal une partie de la nuit... Vous n'êtes pas raisonnable, vous ne vous ménagez pas... vous mourrez.

ÉDOUARD.

Eh bien, tant mieux... c'est ce que je veux, c'est ce que je désire... Ici, comme à Paris, ces folies, ces plaisirs extravagants auxquels je me livre, me sont devenus nécessaires... j'en ai besoin pour m'étourdir, pour ne pas rester seul avec moi-même ; car je souffre trop, je suis trop malheureux.

SUZETTE.

Vous, malheureux ! quelle peut en être la cause ?

ÉDOUARD.

Toi seule.

SUZETTE.

Moi, grands dieux !

ÉDOUARD.

Oui, Suzette... je t'ai toujours aimée... je t'aime comme un insensé, comme un malheureux en délire.

SUZETTE, *se cachant la figure avec la main.*

Ah ! monsieur, que me dites-vous là !

ÉDOUARD.

D'abord, je l'avoue, j'ai cherché à me faire aimer de toi ; puis j'ai rougi de mes projets... j'ai voulu te fuir, te traiter avec froideur, avec dureté, te parler comme un maître... mais ta bonté et ta douceur m'ont toujours désarmé.. et ce qui a achevé de renverser toutes mes idées, toutes mes résolutions, c'est que cet amour qui me dévorait, il m'a été facile, depuis quelque temps, de voir que tu le partageais.

SUZETTE, *naïvement.*

C'est vrai...

ÉDOUARD.

Tu m'aimes donc maintenant ?

SUZETTE.

Maintenant... non, ça a toujours été de même ; mais c'est depuis quelque temps seulement que je m'en suis aperçue.

ÉDOUARD.

Grands dieux !

SUZETTE.

Mais vous, monsieur Édouard, vous ne devez pas le savoir ; vous devez l'ignorer. Obtenez de votre père que je quitte ces lieux.. que je m'en aille.

ÉDOUARD.

Tu veux quitter ces lieux !

SUZETTE.

Oui... je ne puis pas y vivre... je souffre trop ; tout m'y rappelle les bienfaits de votre mère ; votre état, le mien, et la distance qui nous sépare... Et jugez, monsieur, jugez des tourments que j'éprouve, lorsque je vous dirai qu'hier, pendant ce bal, de la première pièce dont les portes étaient ouvertes, je vous ai vu, dans ce salon qui m'est interdit, je vous ai vu toute la soirée danser avec mademoiselle de Luceval.

ÉDOUARD.

C'est mon père qui me l'avait ordonné.

SUZETTE.

Parcequ'il veut vous marier avec elle... je n'en puis douter ; j'en suis sûre.

ÉDOUARD.

Qui te l'a dit ? où l'as-tu vu ?

SUZETTE, *montrant son cœur.*

Là... il est des pressentiments qui ne trompent jamais...

ÉDOUARD.

Et moi, je jure que jamais je ne consentirai à une pareille union ; ou plutôt, il est un moyen de te rassurer, et de la rendre impossible.

SUZETTE.

Quel est-il ?

ÉDOUARD.

Ce n'est ici ni le lieu ni le moment de te confier mes projets... Voici l'heure où l'on descend dans le salon, et l'on peut nous surprendre... Mais tantôt, après le déjeuner, ils partent tous pour la chasse... mon père, ainsi que ces dames... Moi, grâce à mon indisposition, il me sera permis de rester... Nous serons seuls, dans la maison... je t'attendrai ici.

SUZETTE.

Seule... ici... avec vous?... Non, Édouard, ce ne serait pas bien; je ne le puis.

ÉDOUARD.

Tu veux donc encore ajouter à mes maux!... tu veux me voir mourir, et en être la cause!

SUZETTE.

Que me dites-vous là?... moi! vouloir votre mort!... c'est mal à vous d'employer un tel moyen pour me décider... Vous êtes le fils de ma bienfaitrice, vous ne pouvez pas me tromper... je viendrai.

ÉDOUARD, lui prenant la main.

Ah! je suis trop heureux!

SUZETTE, apercevant M. de Bremont qui entre par le fond.

Ciel! M. le comte.

(Elle va auprès du guéridon à gauche, comme pour y ranger quelque chose.)

SCÈNE V.

LES PRÉCÉDENTS, M. DE BREMONT.

M. DE BREMONT *.

Ah! ah! Édouard, vous voilà levé! Pour un homme qu'on disait si malade...

ÉDOUARD.

Cela va mieux, mon père.

M. DE BREMONT.

C'est ce que je vois.

SUZETTE, troublée.

Oui, monsieur... j'étais là occupée à le soigner...

M. DE BREMONT.

C'est bien, mon enfant... je connais ta bonté, ton excellent cœur. (A Édouard.) Édouard, vous verra-t-on au déjeuner?... serez-vous de notre partie de chasse?

ÉDOUARD.

Non, mon père... et dans ce moment même, je me sens tellement faible, que je vous demanderai la permission de rentrer dans mon appartement.

M. DE BREMONT.

Là-dessus, liberté entière : on ne doit pas contrarier un malade.

ÉDOUARD, bas à Suzette.

Tu entends, Suzette...

(Il prend le bras de Suzette, qui le conduit jusqu'à la porte, et au moment où elle va entrer avec lui :)

M. DE BREMONT, à haute voix.

Suzette! Suzette!... mon fils, je crois, n'a

* Édouard. M. de Bremont. Suzette

plus besoin de tes services; et mademoiselle de Luceval t'attend pour l'aider dans sa toilette.

SUZETTE.

Oui, monsieur.

(Montrant l'appartement où Édouard vient d'entrer)

AIR d'Aristippe.

Mais je voulais, moi, son guide ordinaire,
Soutenir ses pas.

M. DE BREMONT.

Je le crois.

Il est fort beau, fort généreux, ma chère,
De protéger un plus puissant que soi :
Mais au danger alors qu'il est en butte,
A quoi lui sert un trop fragile appui?
Bien rarement on empêche sa chute,
Et parfois on tombe avec lui.

SUZETTE, étonnée.

Comment, monsieur?

M. DE BREMONT, lui prenant les mains avec douceur.

Suzette, tu es une bonne fille, que j'aime, que j'estime, que j'ai promis de protéger.

SUZETTE.

Ah, monsieur!

M. DE BREMONT.

Plus tard, et après avoir habillé mademoiselle de Luceval, tu viendras me parler... Va, mon enfant, va d'abord à tes devoirs... c'est l'essentiel.

(Suzette sort.)

SCÈNE VI.

M. DE BREMONT, seul.

Oui, je m'en aperçois enfin, et j'aurais dû m'en douter plus tôt... élevés ensemble... se voyant tous les jours... ils s'aiment... peut-être même sans le savoir... Suzette, du moins... car pour mon fils, je le connais... Il sait très bien ce qu'il fait... C'est donc par lui qu'il faut commencer; et, quoiqu'on dise qu'il n'y a pas de remède contre l'amour, j'en connais un auquel rien ne résiste, pas même... les grandes passions... le tout est de l'employer à temps.

SCÈNE VII.

M. DE BREMONT, BERTRAND.

BERTRAND, au fond.

Pardon, excuse, mon général.

M. DE BREMONT.

Ah! c'est toi, Bertrand : eh bien! que fais-tu donc là, immobile et l'arme au bras? (Il s'assied sur le fauteuil à droite.) Avance à l'ordre.

BERTRAND, s'avançant.

C'est que, voyez-vous, mon général, je ne suis pas à mon aise, parceque j'ai quelque chose à vous demander.

M. DE BREMONT.

Toi, me demander quelque chose?... tant

mieux ; car c'est la première fois de ta vie.

M. DE BREMONT.

BERTRAND.

Il est vrai de dire, mon général, que vous ne m'en avez jamais laissé le temps... comme à Wagram, vous savez, ce jour où les autres n'ont pas même pu tirer un coup de fusil ; ce n'était pas mauvaise volonté de leur part... *(faisant signe de croiser la baïonnette)* ; mais rapport à ce que nous avions abordé spontanément.

M. DE BREMONT.

Eh bien, après ?

BERTRAND.

Après.... c'était pour vous dire que je suis le fils d'un de vos fermiers, que je suis parti conscrit, que je ne vous ai jamais quitté, et que je vous dois tout.... c'est vous qui m'avez mis au feu ; c'est vous qui m'avez nommé caporal, puis sergent ; c'est vous, mon général, qui, en Russie, et quand je tombais de froid, avez ôté votre manteau pour en couvrir le corps de votre soldat.... Aussi, maintenant, quand je vous vois une attaque de rhumatisme, ce qui vous arrive tous les mois.... j'aimerais mieux sentir la pointe de mille baïonnettes.

M. DE BREMONT.

Eh bien ! enfin, où en veux-tu venir ?

BERTRAND.

J'en veux venir à vous apprendre que je suis chez vous logé, nourri, hébergé... de l'argent dans ma poche, le verre d'eau-de-vie à discrétion, et le cigarre à volonté... c'est ce qui fait que je n'ai besoin de rien, et que je n'ai rien à vous demander.

M. DE BREMONT.

Que diable me disais-tu donc tout-à-l'heure ?

BERTRAND.

Permettez... quand je dis que je n'ai rien... c'est que j'ai quelque chose... un bon conseil qu'il me faudrait... mais j'aurais à reprendre cela de trop haut... et comme je vois que vous étiez occupé...

M. DE BREMONT.

Eh oui, morbleu ! mais, n'importe, parle toujours, puisque nous y voilà.

BERTRAND.

Du tout, mon général.... j'ai bien attendu deux ans, je peux aller encore, et puisque ma présence vous dérange... *(Il veut se retirer.)*

M. DE BREMONT, *le retenant.*

Au contraire.... tu arrives à propos, car j'ai besoin de toi. *(Il se lève.)*

BERTRAND, *revenant.*

Il se pourrait, général !... alors ne pensons plus à mon idée, et voyons la vôtre.

M. DE BREMONT.

Je crois, en effet, que nous aurons plus tôt fini ; car tu n'abordes pas les sujets de conversation aussi *spontanément* qu'autrefois les Autrichiens.

BERTRAND, *froidement.*

Aujourd'hui... je ne dis pas... ça se peut bien, à cause de ma jambe.

M. DE BREMONT.

Eh ! qui diable te parle de cela ?... voici de quoi il s'agit... Mon fils ne fait rien ici, il perd son temps... je veux l'éloigner, et je vais l'envoyer voyager en Italie... à Naples... en Grèce, s'il le faut...

BERTRAND, *froidement.*

Comme mon général le voudra.

M. DE BREMONT.

C'est encore un secret ; mais je veux qu'il parte, non pas demain, mais aujourd'hui, et dans quelques heures.

BERTRAND.

Je ne m'y oppose pas.

M. DE BREMONT.

Des affaires personnelles... des ordres supérieurs me retiennent en France. Il me faut auprès de lui quelqu'un en qui j'aie autant de confiance qu'en moi-même... Ce n'est pas un serviteur qu'il me faut, car Jacques et Guillaume l'accompagneront... ce que je veux avec lui, c'est un ami... et j'ai pensé à toi.

BERTRAND, *vivement.*

Mille-z-yeux !... mon général !...

M. DE BREMONT.

Tu acceptes donc ?

BERTRAND.

C'est-à-dire, général, ça me rendra bien heureux.... ce n'est pas que, pour le moment, ça me vexe...

M. DE BREMONT.

Et pourquoi ?

BERTRAND.

Parceque, avec l'aveu du cousin Pinchon, que je viens de consulter, j'avais des idées de mariage.

M. DE BREMONT.

Toi, te marier ?

BERTRAND.

C'est le bon moment ; je n'ai plus que cela à faire.

M. DE BREMONT.

Et c'est sur un prétexte pareil que tu me refuses !

BERTRAND.

Un prétexte !

M. DE BREMONT.

Oui, morbleu ! et si tu ne pars pas avec mon fils, c'est que tu ne m'aimes pas.

BERTRAND.

Ah çà, général, pas de plaisanteries, ni de mots équivoques.

M. DE BREMONT.

Je le répète : c'est que tu ne nous aimes pas.

BERTRAND.

Sarpejeu ! si ce n'était pas vous... il faudrait m'en rendre raison, et je vous montrerais bien si je vous aime oui ou non... Mais vous le voulez, je n'aurai peut-être que cette occasion de m'acquitter envers vous... Dans une demi-heure, j'aurai dit adieu à mes amis, j'aurai fait mon sac... et je suis à vos ordres.

M. DE BREMONT.

C'est bien... je te reconnais... et je ne doutais pas de toi... je n'en ai jamais douté... Si je t'ai offensé, pardonne-moi. (Il lui tend la main.)

BERTRAND.

Ah, mon général !

M. DE BREMONT.

Je reviens dans l'instant... et je te donnerai mes dernières instructions. (Il entre dans la chambre à droite.)

SCÈNE VIII.

BERTRAND, puis PINCHON.

BERTRAND, seul, essuyant une larme.

Ah le brave homme !... Mais c'est toujours bien désagréable de partir ainsi, au moment...

PINCHON, entrant par la porte du fond.

Eh bien !... tu as vu le général ?

BERTRAND.

Oui... il sort d'ici.

PINCHON.

Et tu lui as parlé ?

BERTRAND.

Sans doute.

PINCHON.

Eh bien, tant mieux, cousin... Tout ce que je demandais, et ma femme aussi, c'était de te voir marié... Il est si doux d'être en ménage ! Moi, avec madame Pinchon, qui fait tout ce que je veux, je suis le plus heureux des hommes... je suis là comme un roi.

BERTRAND.

Morbleu ! c't autre qui vient me parler d' ça au moment où je pars !

PINCHON.

Il se pourrait !

BERTRAND.

Air de Marianne.

Mon général me le demande,
Pouvais-je refuser, hélas !

PINCHON.

Oui, ta complaisance est trop grande ,
Et je dirais... *Je ne veux pas.*

BERTRAND.

Sur des soldats
Tu ne sais pas
C' qu'un général et l' devoir
Ont d' pouvoir :
Qu'il dis' seul'ment :
Marche... en avant !
Fût-ce au trépas,
On y va l'arme au bras.
Quand d'obéir on a l'usage,
Lorsque la discipline est là .
Ça n' coûte rien.

PINCHON.

Je connais ça ·
C'est comm' dans mon ménage.

BERTRAND.

Du reste... je te conterai tout cela pendant notre dîner, car nous allons dîner ensemble. avant mon départ.

PINCHON.

Je ne demanderais pas mieux, mon ami ; mais je ne peux pas, parceque madame Pinchon est au marché, où je dois l'aller reprendre... et si j'y manquais, vois-tu, cela serait mal.

BERTRAND.

J'en suis fâché ! alors... je voulais te dire... Il me faudra de l'argent pour mon voyage ; et, comme je ne veux pas en demander à monsieur le comte, il faut que tu m'en prêtes.

PINCHON.

Pour ça, cousin, et avec plaisir... Mais auparavant, il faut que j'en parle à madame Pinchon, parceque si je faisais quelque chose sans la consulter...

BERTRAND.

Ah çà... quel diable d'homme es-tu donc ?... tu ne peux donc rien faire sans sa permission ?

PINCHON.

C'est là le bonheur du ménage, mon ami ; c'est ce qu'il y a de plus doux : tu le verras.

BERTRAND.

A la bonne heure... Je n'ai plus qu'un service à te demander, si toutefois madame Pinchon, ma cousine, ne s'y oppose pas... Écoute : je vais partir d'ici avec monsieur Édouard... Nous allons voir les Grecs...

PINCHON.

Les Grecs !

BERTRAND.

Oui... Je n'ai jamais servi dans ces régiments-là... mais les Grecs... vois-tu... ce sont de braves gens, des malins qui ne boudent pas... Il paraît qu'on se bat chez eux, et gaillardement... c'est même le seul endroit, dans ce moment, où il y ait des coups à gagner... et comme je connais monsieur Édouard, il ira en amateur.

PINCHON.

Tu crois ?

BERTRAND.

Or, malgré ma jambe, tu sens bien que je ne le laisserai pas en route.

PINCHON.

Quoi ! tu n'es pas content de ce que tu as déjà ?

BERTRAND.

Non... l'appétit vient en mangeant, comme on dit... Et si le hasard voulait... tu m'entends bien... c'est dans les possibles... je te prie de remettre cette lettre et ces papiers... à la personne... que tu sais bien... Ce n'est pas pour cela que je les avais pris... mais enfin, c'est dans ces cas-là que l'on compte sur ses amis.

PINCHON.

Et tu peux compter sur moi, à la vie et à la
mort... Dieux! pour un cousin... pour un ami,
il n'y a rien que je ne puisse braver... Dis
donc, je pourrai parler de cette commission-
là à madame Pinchon; ça ne te fâchera pas?

BERTRAND.

Du tout... j'aurais voulu seulement l'embrasser avant mon départ.

PINCHON.

Eh bien, sois tranquille, je vais la prendre
au marché, et de là, tous les deux, nous re-
viendrons par chez toi... Que diable, d'ici à
tantôt, tu ne seras pas parti... il n'est encore
que.... (Regardant sa montre.) Ah mon Dieu!
onze heures... et pendant que je cause là,
mes affaires ne se font pas. (Allant à la fenêtre à
gauche.) Jean, attelle toujours Grisette à la car-
riole.

BERTRAND.

Mais écoute-moi donc.

PINCHON.

Nous parlerons de cela en marchant... parceque ma femme va m'attendre.

AIR de la valse des COMÉDIENS.

Depuis c' matin je suis séparé d'elle;
De mon absence ell' me gronde toujours.

BERTRAND.

C'est un tourment qu'un amour si fidèle.

PINCHON.

Ce tourment-là c'est l' bonheur de mes jours.
Quand ell' se fâche, hélas! elle est si bonne!
C'est pour mon cœur un plaisir toujours neuf:
Et quand près d'moi j' n'entends gronder personne,
La peur me prend; il m' sembl' que je suis veuf.

ENSEMBLE.

Depuis c' matin { je suis / il est } séparé d'elle,

De { mon / son } absence ell' { me / le } gronde toujours.

C'est un tourment qu'un amour si fidèle,

Mais c' tourment-là c'est l'bonheur de { mes / ses } jours.

(Ils sortent par le fond.)

SCÈNE IX.

ÉDOUARD, sortant de sa chambre; il va à la porte du
fond, et regarde en dehors pour s'assurer que Pinchon
et Bertrand sont partis.

Enfin, ils s'éloignent... j'ai vu mon père et
ces dames monter en voiture... tout le monde
est parti, et, grace au ciel, me voilà seul dans
la maison... Sans cette maladie, que j'ai si
heureusement imaginée, impossible de rester
en tête-à-tête avec Suzette... Je tremble... je
ne puis rester en place; et ce que j'éprouve
cependant a un charme indéfinissable... Moments d'inquiétude et d'espoir, de crainte et
de plaisir... moments qui précédez un pre-

mier rendez-vous! ah! vous êtes plus doux
encore que tous ceux qui le suivent... J'entends du bruit... c'est elle, je la reconnais au
bruit léger de ses pas.... et plus encore aux
battements de mon cœur.. mon sang se pré-
cipite avec violence. Quelques moments de
plus, et j'y succomberais... mais non... plus
de doute... voici le bonheur... voici Suzette...
courons... Ciel! mon père!

SCÈNE X.
M. DE BREMONT, ÉDOUARD.

M. DE BREMONT.

Eh bien, mon ami, comment cela va-t-il?
Je venais savoir de tes nouvelles. (Le regardant.)
Ah mon Dieu!... toi que j'avais laissé en né-
gligé, te voilà en grande tenue.

ÉDOUARD.

Oui... je me suis senti beaucoup mieux, et
j'allais sortir... Mais vous, mon père, comment n'êtes-vous pas à la chasse?

M. DE BREMONT.

J'étais parti... je me suis senti indisposé... et
j'ai préféré rester ici pour te tenir compagnie.

ÉDOUARD.

Vous êtes bien bon... (A part.) O ciel!...
(Haut.) C'est étonnant, malgré cela, que vous,
qui, ce matin, vous portiez si bien, vous
soyez tout-à-coup malade!

M. DE BREMONT.

Il est bien plus étonnant encore, que toi,
qui, ce matin, étais si malade... En tout cas,
l'avantage est pour toi, et j'aimerais mieux
ta situation que la mienne.

ÉDOUARD, à part.

Oui, elle est jolie... je n'y tiens plus... je
suis sur les épines... Allons du moins prévenir Suzette. (Il va pour sortir.)

M. DE BREMONT.

Eh bien!... où vas-tu donc?

ÉDOUARD.

Rien... j'allais au jardin... j'allais à la ferme
de Pinchon pour régler avec lui.

M. DE BREMONT.

S'il en est ainsi, je t'accompagnerai.

ÉDOUARD, à part.

Quel supplice!

AIR : Fils imprudent, époux rebelle.

D'une affaire qui m'intéresse
Je m'occupais...

M. DE BREMONT.

Parlons-en sur-le-champ.
Eh quoi! ma demande te blesse,
Et mon aspect t'importune!

ÉDOUARD, vivement.

Comment?
Non pas, mon père, non vraiment.
(D'un air embarrassé.)
Mais le motif de cette affaire..

M. DE BREMONT, *sévèrement*

Ne saurait être honorable, mon fils,
Dès qu'il vous fait redouter les avis
   Et les regards de votre père.

ÉDOUARD.

Quoi! vous pourriez supposer?... Je ne savais pas moi-même où j'allais.

M. DE BREMONT, *sévèrement*.

Eh bien!... moi, je vais te l'apprendre... Tu vas chercher Suzette pour retrouver ce rendez-vous que tu lui avais donné, et auquel elle ne viendra pas.

ÉDOUARD.

O ciel!... qui a pu vous dire?...

M. DE BREMONT.

Suzette, elle-même, que je viens d'interroger, et qui, en fondant en larmes, m'a tout avoué...

ÉDOUARD, *à part, et comme anéanti*.

Grands dieux!

M. DE BREMONT, *s'approchant d'Édouard, et avec douceur*.

Édouard!... c'est la protégée de ta mère... c'est presque ta sœur... c'est une jeune fille sans expérience, dont tu aurais dû être le protecteur et l'appui... C'est elle que tu voulais séduire.

ÉDOUARD.

Mon père!

M. DE BREMONT.

Oui... tels étaient tes desseins.

ÉDOUARD.

Eh bien, oui, mon père... Mon seul espoir était de vous cacher un amour qui devait exciter votre colère... Mais, puisque vous savez tout, et que je n'ai plus rien à ménager, je vous dirai que j'adore Suzette... que je ne puis vivre sans elle... que mon seul bonheur, mon seul desir est d'en faire ma femme.

M. DE BREMONT.

L'épouser!... Écoute, Édouard... je ne te rappellerai pas ce que disent en pareil cas les oncles et les pères... mais tu me connais; tu sais que rien ne me fait dévier de mon devoir, et, malgré ma tendresse pour toi, je te déclare que, plutôt que de consentir à un pareil mariage, j'aimerais mieux te voir mort.

ÉDOUARD.

Eh bien!... vous serez satisfait; car, si vous me refusez Suzette, si je ne puis l'obtenir, je me tuerai.

M. DE BREMONT.

Ah, vous voulez vous tuer! c'est là que je vous attendais... Eh bien, asseyez-vous là, monsieur, et écoutez-moi.

(*Ils s'asseyent.*)

ÉDOUARD, *à part*.

Que veut-il me dire?

M. DE BREMONT.

Autrefois, monsieur, à dix-huit ans, j'étais un fou, un extravagant comme vous... J'aimais une jeune ouvrière, qui m'adorait, et qui était aimable et jolie... comme Suzette... Mais j'avais un père sage et raisonnable... comme je le suis aujourd'hui... Je voulais aussi épouser l'objet de ma passion : car, à votre âge, monsieur, on épouse toujours; et, comme vous (c'est l'usage), je menaçais de me tuer... Savez-vous quelle fut la réponse de mon père?

ÉDOUARD.

Non vraiment.

M. DE BREMONT.

Exactement celle que je viens de vous faire... « J'aime mieux te voir mort... » J'avais une mauvaise tête; et, quoique à dix-huit ans il me parût cruel de renoncer à la vie, à la gloire, à la brillante carrière qui s'ouvrait devant moi, je ne voulus point en avoir le démenti... et un beau jour, ma maîtresse et moi, nous prîmes le dernier chapitre de Werther... une dose d'opium; et nous nous empoisonnâmes de compagnie.

ÉDOUARD.

O ciel!

M. DE BREMONT.

Par malheur, on vint à notre secours, et par un malheur plus grand encore, mon père, en voyant un tel amour, se relâcha de ses principes, et eut la faiblesse de consentir à cette union... Un an après, nous plaidions en séparation, et j'étais le plus malheureux des hommes... Voilà, monsieur, voilà comment, la plupart du temps, commencent et finissent les mariages d'inclination.

ÉDOUARD.

Que m'apprenez-vous là!

M. DE BREMONT.

Ce que vous auriez dû toujours ignorer... Quelque temps après, je devins veuf, et cette fois je contractai un mariage de raison... J'épousai votre mère, que j'appréciais, que j'estimais, mais que je n'adorais pas... L'amour est venu plus tard, vous le savez; non cet amour qui tient du délire des sens ou de l'imagination; mais cet amour véritable, cimenté par le temps, par notre bonheur mutuel, par toutes les vertus que je découvrais en elle... Cette félicité de tous les instants, cette paix intérieure du ménage... vous en avez été témoin... que ce souvenir-là vous guide... Pensez à votre mère, et choisissez.

ÉDOUARD.

A cela je n'ai rien à dire, sinon que votre première inclination était indigne de vous... mais que Suzette a été recueillie, élevée par ma mère, et que les vertus qu'elle en a reçues peuvent répondre d'elle et de sa constance.

M. DE BREMONT, *se levant, Édouard se lève aussi*.

Et qui me répondra de la vôtre? quoiqu'un père doive ignorer bien des choses, elle n'est pas la première que vous aimiez, je le sais; et quand cette première ardeur se sera évaporée, que votre amour pour elle sera dissipé... il ne vous restera plus rien que le sentiment de votre faute et les regrets de l'avoir commise. Ce sont ces regrets que ma prudence veut vous épargner ; et jusqu'à ce que la raison vous revienne, je saurai bien vous rendre heureux malgré vous... Dès ce soir donc vous quitterez ces lieux.

ÉDOUARD.

Moi !... que dites-vous ?

SUZETTE, qui est entrée sur ces derniers mots, mais qui reste au fond du théâtre, à gauche.

O ciel ! il va partir !

M. DE BREMONT.

Et voici Suzette elle-même, à qui j'ai ordonné de venir ici pour recevoir vos adieux.

(Suzette paraît.)

ÉDOUARD, allant à elle.

Jamais je n'y consentirai ; et si vous me forcez à quitter Suzette... le dessein dont je vous parlais tout-à-l'heure... je vous jure que je l'exécute à l'instant.

M. DE BREMONT.

Malheureux !

AIR du vaudeville des SCYTHES.

Un pareil mot est sorti de ta bouche ;
Tu veux t'armer de mes propres aveux :
Eh bien, ingrat, puisque rien ne te touche,
Va, laisse-moi, va mourir... tu le peux !
D'autres que toi me fermeront les yeux.
  Par un châtiment bien sévère,
Mes anciens torts aujourd'hui sont punis ;
Ainsi jadis j'abandonnai mon père,
J'ai mérité d'avoir un pareil fils...
  Je devais avoir un pareil fils !

ÉDOUARD, se jetant à ses pieds.

Pardon, pardon, mon père !

M. DE BREMONT.

Oui, ce nom me rappelle mes devoirs, et je sais maintenant ce qu'il me reste à faire... Allez au salon retrouver ces dames... plus tard vous connaîtrez mes ordres... Laissez-nous.

(Édouard s'incline, et rentre dans la chambre à droite.)

SCÈNE XI.
M. DE BREMONT, SUZETTE.

M. DE BREMONT.

Ainsi, et pour la première fois de sa vie, mon fils me désobéit... Vous voyez, Suzette, ce dont vous êtes cause.

SUZETTE.

Oui, monsieur, je vois que j'ai apporté le trouble et le désordre dans cette maison, où je n'ai reçu que des bienfaits... Mais je ne souffrirai pas que votre fils s'éloigne... je ne veux pas que, pour moi, vous soyez privé de sa présence et de sa tendresse... Qu'il reste dans la maison paternelle ; et moi, monsieur, chassez-moi.

M. DE BREMONT.

Et où iras-tu ?... Non, Suzette, non, mon enfant, je ne suis point injuste... si tu as des torts, ils sont involontaires, et ta conduite de ce matin, la franchise de tes aveux, suffiraient pour me les faire oublier... Je te dirai plus ; je t'estime, je t'aime, et je reconnais en toi des qualités et des vertus que je voudrais voir dans la femme de mon fils... Mais je n'ai pas besoin d'ajouter qu'une pareille union est impossible ; non parceque je suis noble, et que tu ne l'es pas... ma noblesse date d'hier, et je ne la dois qu'à mon épée... mais je parle pour ton bonheur, pour celui d'Édouard... Il est des convenances qu'on doit respecter, et la société se venge sur ceux qui osent les braver... Si mon fils épousait la femme de chambre de sa mère, dans ce monde où il voudrait t'introduire, l'opinion te repousserait... lui-même s'en apercevrait... C'est dans toi qu'il serait humilié, et bientôt il ne t'aimerait plus ; car l'amour-propre est malheureusement le premier mobile de l'amour. Alors, dédaignée par le monde, abandonnée par ton mari, il ne te resterait que moi, ma fille... que moi, qui suis bien vieux, et qui ne te consolerais pas long-temps.

SUZETTE.

Oui ! oui, vous avez raison... je serais bien malheureuse... mais dussé-je l'être plus encore... qu'importe ?... je serais à lui.

M. DE BREMONT, à part.

(La regardant avec compassion.) Pauvre enfant ! c'est toujours le même langage... voilà comme j'étais... (Haut.) Tu l'aimes donc bien ?

SUZETTE.

Plus que moi, plus que ma vie... mais non plus que mes devoirs.

M. DE BREMONT.

Eh bien, ce sont ces devoirs que j'invoque et que je te rappellerai... Orpheline, abandonnée de tous, tu allais périr, quand ma femme t'a recueillie... elle t'a élevée comme son enfant... mais bientôt sa tendresse inquiète s'alarma de l'attachement qu'Édouard te portait, et, prévoyant à son lit de mort les malheurs de l'avenir, elle t'a écrit, et sa lettre, la voici.

SUZETTE.

Oui... c'est bien son écriture, et c'est à moi qu'elle s'adresse. (Elle baise la lettre, l'ouvre, puis la lit tout bas avec émotion.) O ciel ! ma bienfaitrice implore ma pitié ! elle me recommande votre bonheur et celui de son fils. (Tombant aux pieds de M. de Bremont.) Monsieur, je suis à vos pieds... ordonnez de moi et de mon sort.

M. DE BREMONT, la relevant.

Suzette, Suzette... c'est moi qui te remercie ; ne parle plus de bienfaits, c'est moi qui suis maintenant ton débiteur.

SUZETTE.

Que dois-je faire ?

M. DE BREMONT.

Renoncer à Édouard... à ton amour.

SUZETTE.

Je vous l'ai déjà promis.

M. DE BREMONT.

C'est peu encore... il faut lui ôter tout espoir... il faut te faire à toi-même un devoir de l'oublier; et pour cela, Suzette, il faut te marier, et sur-le-champ.

SUZETTE.

O ciel!... (Se reprenant.) Je tiendrai ma parole, monsieur; je vous obéirai.

M. DE BREMONT.

Tu peux t'en rapporter à moi du soin de ton bonheur... du soin de te choisir un honnête homme, un galant homme.

SUZETTE.

Présenté par vous... cela suffit... je l'accepterai.

M. DE BREMONT.

Et quant à votre avenir... quant à votre fortune...

SUZETTE, l'interrompant.

Ah, monsieur!

M. DE BREMONT.

Pardon... je t'ai offensée: on ne paie pas de pareils sacrifices... mais l'amitié, du moins, peut les acquitter, et la mienne est à toi pour la vie.

SUZETTE, se jetant dans ses bras.

Ah! voilà tout ce que je demande.

M. DE BREMONT.

Allons, allons, il faut du courage... laisse-moi, laisse-moi, mon enfant... je vais penser à tout cela, et je compte sur toi; j'y compte.

SCÈNE XII.

M. DE BREMONT, seul.

Ah! sans doute, il faut du courage, il en faut... car vingt fois j'ai été tenté de l'appeler ma fille, et de lui donner mon consentement... Voilà comme on fait des folies, comme on se prépare des regrets... (S'essuyant les yeux.) Allons, allons, la sensibilité ne vaut rien en pareille affaire... Ma raison, ma propre expérience, tout me dit que j'agis bien... qu'un chagrin d'un instant doit assurer leur bonheur à tous... En un mot, c'est mon devoir... et ma devise à moi, c'est : « *Fais ce que dois, advienne que pourra.* » L'important est de presser les événements, et de chercher d'abord ce mari.... (Il réfléchit un instant.) Mais, quand j'y pense... et pourquoi pas? Je ne connais pas au monde de plus brave homme que celui-là... de l'honneur, de la probité... la bonté même.

SCÈNE XIII.

M. DE BREMONT; BERTRAND, en costume de voyageur, redingote bleue, chapeau militaire, et le sac sur l'épaule.

BERTRAND, au fond, et portant la main à son chapeau.

Mon général, présent, avec armes et bagages, et prêt à partir au premier roulement.

M. DE BREMONT.

J'ai changé d'idée... tu ne partiras pas.

BERTRAND, étonné.

Comment!

M. DE BREMONT.

Tu ne partiras pas!

BERTRAND, transporté de joie, mettant son sac et son chapeau sur un fauteuil, et s'approchant de M. de Bremont.

Que dites-vous?... il serait possible!

M. DE BREMONT.

J'ai un autre service à te demander.

BERTRAND.

Qu'est-ce que c'est?

M. DE BREMONT.

Il faut te marier.

BERTRAND.

Me marier!

M. DE BREMONT.

J'attends cela de ton attachement et de ton amitié.

BERTRAND.

Permettez, général... c'est autre chose.

AIR du vaudeville de LA SOMNAMBULE.

Je sais c' que j' dois de r'connaissance
A vos bontés, à vos soins généreux ;
Mais ça n' va pas jusqu'à braver la chance
   D'un hymen plus que périlleux :
Mieux vaut cent fois affronter un' batt'rie ;
Car, vous l' savez, j' vous ai voué mon bras ;
J' vous dois mon cœur, et mon sang, et ma vie ;
Mais, général, la tête n'en est pas.

M. DE BREMONT.

Ça va sans dire... aussi tu ne risques rien... un ange de douceur et de bonté... un vrai trésor.

BERTRAND.

C'est égal; j'ai déjà pris la liberté de vous dire (montrant son cœur.) que la position était occupée par des forces supérieures... ce qui veut dire que j'aime quelqu'un.

M. DE BREMONT.

Quelle que soit cette personne, elle ne peut valoir Suzette.

BERTRAND.

Suzette!... est-il possible!... mais c'est elle que j'aime, et que je n'osais vous demander.

M. DE BREMONT.

Vraiment!... eh bien, il me sera doux d'assurer le bonheur des deux personnes que j'estime et que j'aime le plus au monde.

BERTRAND.

Je n'y tiens plus... ça m'étouffe... cela me suffoque; et je n'ai qu'un regret, c'est de ne pouvoir me faire tuer pour vous.

M. DE BREMONT.

Aujourd'hui cela ne se peut pas... cela dérangerait ton mariage.

BERTRAND.

C'est juste... vous avez raison... mais ça se retrouvera, mon général... ça se retrouvera, faut l'espérer... Avant tout, cependant, vous m'assurez que mademoiselle Suzette y consent.

M. DE BREMONT.

Oui, mon garçon; pourquoi pas? tu as trente-six ans... tu es jeune encore... tu es bien fait.

BERTRAND, montrant sa jambe.

Oui, si ce n'était ce qui me manque.

M. DE BREMONT.

Qu'importe? c'est un malheur... et tu ne m'as jamais expliqué comment cela t'arriva, il y a deux ans. Que diable! dans notre état, on n'a jamais vu se casser la jambe en tombant.

BERTRAND.

Il est de fait que je méritais mieux que cela; mais de ce temps-ci les boulets sont rares, il n'y en a point pour tout le monde. Enfin, c'est toujours là ce qui me faisait trembler.

M. DE BREMONT.

Tiens, voilà Suzette elle-même qui va te rassurer.

SCÈNE XIV.

LES PRÉCÉDENTS; SUZETTE, entrant par le fond.

FINAL *.

(Fragment final du second acte de LA DAME BLANCHE.)

M. DE BREMONT, allant au-devant de Suzette.

Approchez-vous, ma chère fille.

BERTRAND, à part.

Dieux! qu'elle est aimable et gentille!

M. DE BREMONT.

Vous m'avez promis, ce matin,
De prendre un époux de ma main;
Et le voici.

SUZETTE.

Grands dieux!

BERTRAND, bas à M. de Bremont.

Mon général, je tremble.
Je ne pourrai jamais lui plaire, ce me semble.

M. DE BREMONT, à Suzette.

Et je ne l'aurais pas choisi,
Si j'en avais connu de plus digne que lui.

* Bertrand, M. de Bremont, Suzette

BERTRAND.

Elle se tait; plus d'espérance.

M. DE BREMONT, à Suzette.

Parlez.

SUZETTE, avec émotion.

Vous étiez sûr de mon obéissance.

BERTRAND.

Qu'entends-je! quel bonheur!
(A Suzette.)
Vous consentez?

SUZETTE.

Oui, monsieur.

(M. de Bremont fait passer Suzette auprès de Bertrand.)

BERTRAND, SUZETTE, M. DE BREMONT.

ENSEMBLE.

BERTRAND.

Allons, allons, je r'prends courage :
Eh quoi! j'ai su toucher son cœur!
Aussi dans notre heureux ménage
Je ne vivrai qu' pour son bonheur.
Qu'elle est jolie! et quel est mon bonheur !

M. DE BREMONT.

Par sa vertu, par son courage,
De mon fils je sauve l'honneur.
Tout va bien; et ce mariage
De nous tous fera le bonheur.

SUZETTE.

Oui, c'en est fait, l'hymen m'engage,
Immolons-nous pour son bonheur;
Allons, redoublons de courage,
Cachons le trouble de mon cœur.

SCÈNE XV.

LES PRÉCÉDENTS, TOUTES LES DAMES ET LES CAVALIERS DU CHATEAU, puis ÉDOUARD, qui arrive après eux.

M. DE BREMONT.

Venez, mes amis; venez tous,
Car aujourd'hui pour nous s'apprête
Nouveau plaisir, nouvelle fête :
Nous signons au château le contrat d'un époux;
Toute la compagnie à la noce est priée.

ÉDOUARD, qui vient d'entrer*.

Ces époux, qui sont-ils?

M. DE BREMONT, lui présentant Suzette.

Voici la mariée.

TOUS.

Quoi! c'est Suzette!

ÉDOUARD.

O ciel !

SUZETTE.

Moi-même.

M. DE BREMONT.

Eh! oui vraiment;
Faites-lui votre compliment.

(Bertrand prend Suzette par la main et la présente aux dames de la société, dont elle reçoit les compliments.)

* Bertrand, Suzette, M. de Bremont, Édouard

ÉDOUARD, *interdit.*

Je n'y puis croire encor ; quel est donc ce mystère ?

M. DE BREMONT.

Oui, c'est elle qui l'a voulu.

(*A voix basse.*)

Pour son honneur, sachez vous taire,
Et rougissez d'avoir moins de vertu.

ÉDOUARD, *à part.*

Cet hymen qui me désespère
N'aura pas lieu, je le promets.

M. DE BREMONT, *de même, l'observant.*

Et moi
Je promets de veiller sur toi.

BERTRAND, M. DE BREMONT, SUZETTE, ÉDOUARD ;
CHOEUR DE CAVALIERS ET DE DAMES.

ENSEMBLE.

BERTRAND.

Allons, allons, prenons courage ;
Puisque j'ai su toucher son cœur,
Je veux, dans l'hymen qui m'engage,
Ne vivre que pour son bonheur.
Qu'elle est jolie ! et quel est mon bonheur !

M. DE BREMONT.

Par sa vertu, par son courage,
De mon fils je sauve l'honneur.
Tout va bien ; et ce mariage
De nous tous fera le bonheur.

SUZETTE.

Oui, c'en est fait, l'hymen m'engage,
Immolons-nous pour son bonheur ;
Allons, redoublons de courage,
Cachons le trouble de mon cœur.

ÉDOUARD.

Oui, je romprai ce mariage
Qui doit me ravir le bonheur.
De dépit, d'amour et de rage
Je sens là tressaillir mon cœur.

CHOEUR DE CAVALIERS ET DE DAMES.

A la noce, moi, je m'engage ;
Je veux y danser de bon cœur :
Chantons cet heureux mariage,
Chantons, chantons tous leur bonheur.

(Bertrand donne la main à Suzette, et sort avec elle ; les dames la suivent. M. de Bremont arrête Édouard, qui voulait aussi suivre Suzette. Édouard, accablé de douleur, se jette sur un fauteuil. La toile tombe.)

ACTE SECOND.

Le théâtre représente un pavillon élégamment décoré. Porte au fond. —A la droite de l'acteur, une croisée garnie d'une persienne. — A gauche, un appartement dont la porte reste toujours fermée. Entre la porte et la fenêtre, un paravent non déployé.

SCÈNE I.
PINCHON, Mme PINCHON.

MADAME PINCHON.

Et moi, je ne le veux pas.

PINCHON.

J'entends bien, ma petite femme : aussi ce n'est pas moi qui le veux... c'est le général.

MADAME PINCHON.

N'importe ; tu ne devais pas le souffrir : laisser partir ce brave Bertrand, qui est notre parent, notre ami... Enfin, c'est l'honneur de la famille ; c'est le seul militaire que nous ayons ; et s'il était tué, ça n'est pas toi qui le remplacerais.

PINCHON.

Ce n'est pas là ce que tu me disais, il n'y a pas bien long-temps encore.

MADAME PINCHON.

Mon Dieu ! monsieur Pinchon, il y a temps pour tout ; et il ne s'agit pas de cela dans ce moment... Bertrand est-il parti ?

PINCHON.

Je le crois, car il a été chez lui prendre son paquet, et d'puis on ne l'a plus revu.

MADAME PINCHON.

Et nous ne l'avons pas embrassé !... nous ne lui avons seulement pas demandé s'il avait besoin de nos services !...

PINCHON.

Si fait, si fait... à telles enseignes que c'est lui qui m'a demandé de l'argent... mais je ne voulais pas sans te prévenir...

MADAME PINCHON.

Est-ce que tu as besoin de mon consentement pour obliger un ami ? Faut-il être bête !

PINCHON.

Est-elle bonne !... a-t-elle un bon cœur !... Il n'y a pas une femme comme celle-là.

MADAME PINCHON.

De sorte que ce matin, pendant que j'étais au marché, pendant que je m'occupais des affaires de la maison, tu n'as rien fait, que des bêtises... tu n'as pas même eu l'esprit de payer nos arrérages, et d'avoir notre quittance.

PINCHON.

Puisque, dans cette famille, personne ne veut d'argent. Le père dit que cela regarde son fils, parceque c'est le bien de sa mère, et qu'il est majeur... et le fils m'a dit qu'il n'avait pas le temps, et que d'ailleurs il compterait plus tard avec toi, et qu'il l'attendrait ici, dans le pavillon.

MADAME PINCHON.

Et moi, j'ai voulu que tu vinsses avec moi.

PINCHON.

Et pourquoi ?

MADAME PINCHON.

Parceque... je n'ai pas besoin d'autre raison... je te dis... parceque.

PINCHON.

C'est juste. Fallait me le dire plus tôt.

MADAME PINCHON.

C'est que ces hommes... celui-là sur-tout, ça
ne se doute de rien, ça ne pense à rien ; et, si
on n'avait pas de la tête pour deux... je ne sais
ce que deviendrait la sienne.

PINCHON.

Comment, ma femme ?

MADAME PINCHON.

Tout ça, ce sont des affaires de ménage qui
ne te regardent pas... Puisque Bertrand est
parti, il faut au moins, en son absence, veiller à ses intérêts... As-tu vu mademoiselle Suzette ?... lui as-tu parlé de notre cousin ?

PINCHON.

Puisque tu t'en étais chargée.

MADAME PINCHON.

C'est juste : mais ce départ-là changeait tout.

PINCHON.

Il fallait donc me le dire... Quand tu ne me
dis pas le matin ce qu'il faut faire le soir, moi,
qui n'ai pas l'habitude de penser tout seul...

MADAME PINCHON.

Allons, allons, rien n'est désespéré... je
t'arrangerai tout cela.

PINCHON.

Mais c'est qu'aussi tu me grondes sans cesse.

MADAME PINCHON.

Air : Un homme pour faire un tableau.

Oui ! plaignez-vous, mon cher époux ;
En vérité, je suis trop bonne :
Mais si j'eus des torts envers vous,
Faisons la paix... je te pardonne.

PINCHON.

Voyez l' beau dédommagement,
C'te paix-là pour toi n'est pas chère.

MADAME PINCHON, tendant la joue et lui faisant signe
de l'embrasser.

C'est quelque chose, cependant,
Que de payer les frais d' la guerre.

PINCHON.

Dieux ! quelle femme j'ai là !... quelle bonne
petite femme !

(Il va pour l'embrasser.)

MADAME PINCHON.

Mais finissez donc, monsieur Pinchon... car
voici monsieur le comte.

SCÈNE II.

LES PRÉCÉDENTS, M. DE BREMONT ; SU-
ZETTE, en costume de mariée.

M. DE BREMONT [*].

Bien, Suzette... très bien... je suis très content de toi, mon enfant. (Au moment où M. de
Bremont entre avec Suzette, Pinchon et sa femme s'éloignent un peu vers la gauche du théâtre.)

MADAME PINCHON.

Monsieur le comte qui donne la main à Suzette... Suzette en belle parure... qu'est-ce que
cela signifie ?

M. DE BREMONT.

Cela signifie, madame Pinchon, que Suzette
vient de se marier.

PINCHON et MADAME PINCHON.

Se marier !

M. DE BREMONT.

A l'instant même... le contrat est signé.

MADAME PINCHON.

Ah mon Dieu !... (A son mari.) Tu vois ce
que tu as fait... ce dont tu es cause... il est
trop tard maintenant.

M. DE BREMONT.

Trop tard, et pourquoi ?

MADAME PINCHON.

Pour lui parler de quelqu'un qui, depuis
deux ans, l'aime comme un fou... sans oser
en dire un mot... et c'est moi, monsieur le
comte, qui m'étais chargée de l'apprendre à
Suzette ; car c'est bien l'amour le plus vrai...
le plus honnête...

M. DE BREMONT.

Je le crois... mais il est maintenant trop
tard.

MADAME PINCHON, pleurant.

Hélas ! c'est vrai, elle est mariée ; je dois
me taire... mais, quand je pense à ce pauvre
Bertrand...

M. DE BREMONT.

Bertrand !

MADAME PINCHON.

Eh oui ! c'est lui qui l'adorait.

M. DE BREMONT.

Eh ! c'est lui qui vient de l'épouser.

PINCHON et MADAME PINCHON.

Il serait possible !

M. DE BREMONT.

Oui, mon enfant... parle maintenant, parle
tant que tu voudras.... je ne t'en empêche pas.

MADAME PINCHON et son mari passent du côté de Suzette, qui se trouve entre eux ; M. de Bremont est à
gauche [**].

Que je suis contente ! et que je lui en fasse
mon compliment.... Cette chère Suzette, la
voilà donc notre cousine.... Mais comment ça

[*] Suzette, M. de Bremont, Pinchon, madame Pinchon.
[**] Pinchon, Suzette, madame Pinchon, M. de Bremont.

qu'est-il fait? vous vous en êtes donc douté,
vous l'avez donc deviné? car jamais ce pauvre
Bertrand n'aurait pris sur lui-même... Imagi-
nez-vous que, tous les soirs, il venait à la
ferme, et il me disait : Je n'ose pas ; elle ne
voudra pas de moi, elle me repoussera. En
parlant ainsi , de grosses larmes roulaient
dans ses yeux... et si vous saviez ce que c'est
que de voir pleurer un militaire... ça fait mal.

PINCHON.

Et ce matin, quand il croyait partir, ces papiers qu'il m'avait confiés pour vous, et que je
devais vous remettre , en cas de malheur...
tout ce qu'il avait, tout ce qu'il tenait de la
générosité de monsieur le comte... c'est à
vous, mademoiselle, qu'il le donnait.

SUZETTE.

Que me dites-vous?

PINCHON.

Les voilà... ça appartient maintenant... non
pas à lui... non pas à vous, mais à tous les
deux, ce qui vaut bien mieux... sans compter
ce que fera encore monsieur le comte... car
je suis bien sûr...

SUZETTE.

Monsieur Pinchon !

M. DE BREMONT.

Il suffit, cela me regarde... maintenant, mes
amis, laissez-nous.

MADAME PINCHON.

C'est que nous voulions parler à monsieur
votre fils, pour nos arrérages... et nous l'atten-
dions ici.

M. DE BREMONT.

Il n'habite plus ce pavillon... j'en ai dispo-
sé... mais si vous voulez le voir au château,
ne perdez pas de temps... dépêchez-vous, car
dans deux heures il sera sur la route de Paris.

MADAME PINCHON.

Eh vite! dépêchons-nous... Adieu, monsieur
le comte... au revoir, cousine. Je n'ai pas encore osé vous embrasser, quoique j'en aie
bien envie.

SUZETTE.

Ah, madame! ah, ma cousine !

MADAME PINCHON.

Quoique élevée mieux que nous, je sais que
vous êtes bonne, que vous n'êtes pas fière, et
vous nous permettrez de vous aimer comme
nous aimons Bertrand, n'est-il pas vrai?... Eh
bien! monsieur Pinchon, tu me laisses là, et
v'là que j'm'attendris... Viens-t'en donc vite...
Adieu, monsieur le comte; adieu, madame
Bertrand.

(Elle sort avec Pinchon.)

SCÈNE III.

SUZETTE, M. DE BREMONT.

M. DE BREMONT.

Nous sommes seuls, enfin... et je puis te
remercier de ton courage et de ta générosité...
tu en seras récompensée, j'aime à le croire...
et Bertrand te rendra heureuse... tu sais maintenant combien il t'aime... et, malgré cet
amour, tu as vu sa soumission, son respect,
quand tu lui as dit que tu désirais me parler,
rester seule avec moi.

SUZETTE.

Ah! je lui en sais gré... ce que vous m'avez
dit, ce que je viens d'entendre, tout cela me
rassure... Je pense, comme vous, que Bertrand
est un honnête homme... je désire l'aimer...
j'y ferai mon possible.

M. DE BREMONT.

Et tu y parviendras... (Après un instant de silence.) Je vais partir, Suzette, et j'emmène avec
moi mon fils.

SUZETTE, fait un mouvement et se reprend

Ah! tant mieux.

M. DE BREMONT.

Il n'a pas assisté à ton mariage.

SUZETTE.

Je l'en remercie.

M. DE BREMONT.

Ce remerciment-là, je le garde pour moi ;
car j'avais eu soin de l'enfermer à la clef... et
je viens seulement tout-à-l'heure de lui rendre
la liberté... Je donne à Bertrand et à toi,
Suzette, ce pavillon, qui est à l'extrémité de
mon parc ; et les trente arpents qui en dépendent... c'est bien peu... j'en conviens; mais
j'ai craint que, si l'on se doutait déjà de l'a-
mour de mon fils, un présent plus considéra-
ble ne confirmât les soupçons... et, avant de
songer à la fortune de ton mari, j'ai songé
d'abord à son honneur, à son repos.... plus
tard, je verrai.

SUZETTE.

Ah, monsieur le comte! c'est déjà trop ; et,
par une telle générosité, c'est porter préju-
dice à votre fils.

M. DE BREMONT.

Que ta délicatesse se rassure... je lui ai
montré cet acte... il l'a eu entre les mains...
et c'est lui qui l'a signé et cacheté... tu peux
donc l'accepter, et sans scrupule. (Il présente
le paquet cacheté à Suzette, qui le prend.) Adieu, je
te laisse chez toi... et avec ton mari.

(Il sort.)

SCÈNE IV.

SUZETTE, seule.

Mon mari!... je suis donc mariée... je ne puis
le croire encore... et avec qui?.. pauvre Bertrand ! m'aimer depuis deux ans, sans me l'a-
vouer, sans me le dire... et comment ne m'en
suis-je jamais aperçue?... ah! c'est que mon
cœur et mes yeux n'étaient pas là... Pourvu
qu'il n'ait pas de soupçons... pourvu qu'il ne

se doute pas de l'amour d'Édouard... Heureusement notre jeune maître s'éloigne, et je veux tout oublier... oui, tout... (*regardant le papier.*) excepté ses bienfaits... Que je voie encore son écriture, et ce sera la dernière fois... oui, je le jure, la dernière fois que je penserai à lui... Voici donc cet acte... O ciel! une lettre de lui... (*La lisant à la hâte.*) « Tu es mariée, et je « n'ai pu l'empêcher... mais si mon bonheur, « si mes jours te sont chers, il faut qu'avant « mon départ je te voie, ne fût-ce que cinq « minutes. » (*S'interrompant.*) Qui, moi!... jamais!... (*Lisant.*) « Si tu y consens, si je puis me « présenter à tes yeux... ouvre le volet du pa- « villon. Si tu me refuses, songe que je suis « là, sous ta fenêtre... que le fer est dirigé « contre mon sein... et que j'attends de toi ou « la vie ou la mort... prononce. » — Ah! le malheureux! il le ferait comme il le dit!... et c'est moi qui l'immolerais!... non, quoi qu'il arrive! (*Elle court à la fenêtre, dont elle ouvre le volet.*) On vient... est-ce déjà lui? non, c'est Bertrand... c'est mon mari.

SCÈNE V.

SUZETTE; BERTRAND, en habit militaire.

BERTRAND, *se tenant près de la porte.*

Ça vous dérange-t-il, mademoiselle Suzette?

SUZETTE.

Moi, monsieur Bertrand! non sans doute.

BERTRAND.

C'est que je voudrais vous parler un instant... (*A part, et s'avançant.*) Elle est encore plus jolie comme ça... et dire qu'elle est ma femme!... qu'elle est à moi!... C'est égal, il me semble que je n'oserai jamais l'appeler madame Bertrand.

SUZETTE.

Eh bien, que me voulez-vous?

BERTRAND.

Ce que je veux toujours... vous voir!... car vous ne vous doutez pas, mademoiselle Suzette... et vous ne croiriez pas que depuis deux ans...

SUZETTE.

Si, monsieur Bertrand... je le sais... je l'ai appris par vos amis... par monsieur et madame Pinchon... par monsieur le comte... C'est par eux que je connais toutes les vertus qui vous rendent digne d'estime et d'affection.

BERTRAND.

Ils ont parlé pour moi!... c'est donc ça; et je comprends maintenant... car je me doutais bien que ce n'était pas pour moi-même. (*Regardant sa jambe.*) Je me connais, mademoiselle Suzette... quoique, du reste, je sois aussi bon soldat qu'un autre... v'là toujours c'qui m'empêchait d'avancer et de me mettre en li-

gne... aussi, quand je vous vois, et que je me regarde... je me dis qu'il faut que vous soyez bien bonne... je me dis que je suis trop heureux... et c'est ce bonheur-là, mademoiselle Suzette, dont je viens, d'abord, vous demander pardon.

SUZETTE.

Comment?

BERTRAND.

Oui, sans doute... quand monsieur le comte m'a appris cette nouvelle-là... ça m'a fait l'effet d'un boulet de canon, et j'ai accepté, sans savoir ce que je faisais; parceque, voyez-vous, mademoiselle Suzette, un boulet de canon, ça vous étourdit, on n'y voit que du feu... C'est égal, on avance toujours... Mais, quand j'ai été revenu du coup et de ma première surprise, je me suis dit : Faut au moins consulter mademoiselle Suzette, et lui donner le temps de se reconnaître. Je voulais donc vous proposer de différer de quelques jours, de quelques semaines... non pas qu'ça me coûte diablement, mais quand depuis deux ans on attend... on commence à s'y habituer.

SUZETTE.

Eh bien, qui vous a empêché d'effectuer ce projet, dont mon cœur vous eût été bien reconnaissant?

BERTRAND.

Ce qui m'en a empéché?... une lettre anonyme, par laquelle on me fait à savoir les expressions suivantes... « Si tu épouses Suzette « aujourd'hui... si tu ne diffères pas ce mariage, « tremble pour tes jours. » Trembler!.. je ne connais pas ça... et cette épitre-là, c'est la cause que je me suis marié sur-le-champ.

SUZETTE.

Et si l'on exécutait une pareille menace?

BERTRAND.

Qu'est-ce que ça me fait?.... Vous valez bien la peine que l'on risque quelque chose... mais soyez tranquille... je les connais... ils ne bougeront pas.

SUZETTE.

O ciel!... est-ce que vous doutez de la personne qui a pu vous écrire cette lettre? (*Elle s'approche de la fenêtre qu'elle avait ouverte, et la referme doucement.*)

BERTRAND.

Parbleu!... c'est quelques uns de ces beaux messieurs de Paris... de ces élégants qui habitent le château; car vingt fois je l'ai vu de mes propres yeux... Ils vous aiment tous... oui, tous... excepté monsieur le comte et son fils... ceux-là, c'est différent; ce sont de braves gens à qui je vous confierais sans crainte, parceque c'est l'honneur et la probité même... et après vous, mademoiselle Suzette, mon sang est à eux.

SUZETTE.

O ciel!

BERTRAND.

Qu'avez-vous ?

SUZETTE.

Rien... je ne me sens pas bien.

BERTRAND.

Mille-z-yeux !... seriez-vous indisposée ?... peut-être qu'en ouvrant ce volet... (Il va vers la fenêtre.)

SUZETTE, le retenant.

Non... gardez-vous-en bien... cela se passera... c'est le trouble... l'émotion.

BERTRAND.

Je comprends, mademoiselle Suzette, je comprends cela... parceque, dans un jour comme celui-ci, un mari... ça effraie toujours... sur-tout quand il est fait comme moi... Mais tout ce que je vous demande, c'est de me parler avec franchise.

SUZETTE.

Je vous le promets.

BERTRAND.

Est-ce que, par hasard, vous m'aimiez ?

SUZETTE.

Non... pas encore.

BERTRAND.

C'est ce que je me disais... je m'en doutais bien... d'abord, vous ne pouvez pas m'aimer comme je vous aime... ça n'est pas possible... et je ne suis pas assez exigeant pour cela. De sorte qu'en m'épousant aujourd'hui, ce n'était donc que par amitié, par raison ?

SUZETTE.

Oui, monsieur Bertrand.

BERTRAND.

Eh bien... vous n'en avez que plus de mérite à mes yeux... Je vous dois encore plus de reconnaissance que je ne croyais... Vous ! si jeune et si jolie, que les amants et la séduction entourent de tous côtés ; comme une brave et honnête fille, vous avez préféré un sort pauvre, mais honorable... Vous n'avez pas craint d'épouser un soldat... Eh bien... ce soldat vous en récompensera... sa vie entière sera employée à vous en remercier, à vous rendre heureuse... Que je meure, mille-z-yeux ! si jamais je vous cause un seul chagrin, ou si je vous coûte une seule larme... Et d'abord, je n'ai pas besoin de vous le dire... je ne suis rien ici... Vous êtes la reine, la maîtresse ; ordonnez, commandez... je n'ai plus maintenant d'autre colonel que vous... Ce beau pavillon que nous a donné monsieur le comte... la pension qu'il me fait, les deux cent cinquante francs de ma croix d'honneur, c'est à vous... je vous les abandonne.

AIR de la Sentinelle.

Pour la parure et pour l'air élégant,
Je veux qu' ma femme éclips' toutes les autres ;
Que j' suis heureux !... c' ruban teint de mon sang
Va me servir pour acheter les vôtres.
Avec orgueil j' verrai ce front brillant
Paré des dons que j' tiens de la victoire ;

Et je n' pourrai plus maintenant
Penser à mon bonheur, vraiment,
Sans m' rapp'ler mon ancienne gloire.

Ainsi v'là qui est décidé... Dans les bals, dans les fêtes de village, on nous verra toujours ensemble... moi, par état, vous vous en doutez d'avance, je ne serai pas volage... je n' courrai pas après d'autres... je serai toujours auprès de vous, à vos côtés... non pour vous contraindre ni pour vous gêner dans vos plaisirs... faites comme si je n'y étais pas... seulement, quand vous aurez besoin d'appui, étendez la main, et rappelez-vous que je suis là.

SUZETTE.

Ah, monsieur, que de bontés !

BERTRAND.

Tout ce que j'attends de vous, c'est votre estime, votre amitié... Laissez-vous être heureuse... laissez-vous être aimée, et un jour ça vous gagnera peut-être... Vous vous direz : Ce pauvre Bertrand !... j' n'ai pas de meilleur ami au monde ; il m'aime tant : il ne faut pas être ingrate. Et vous, qui avez si bon cœur, qui sait jusqu'où la reconnaissance peut vous mener ? C'est là-dessus que je compte, mademoiselle Suzette... et en attendant ce moment-là, comme je me rappelle votre effroi... votre crainte de tout-à-l'heure... je veux avant tout vous rassurer, et vous prouver qu'il n'y a point de sacrifice que je ne fasse pour vous.

SUZETTE.

Que voulez-vous dire ?

BERTRAND.

Que monsieur le comte nous a fait cadeau de ce pavillon, qu'il a fait arranger comme pour lui-même ; ce qui fait un assez joli bivouac... quand je dis un bivouac, c'est-à-dire qu'il y a là deux appartements, qui sont les nôtres, et qui communiquent ensemble... en voici la clef... je vous la donne, mamselle Suzette ; et sans jamais vous en rien dire, j'attendrai que vous m'aimiez assez pour me la rendre.

AIR : Amis, voici la riante semaine.

Nous attendons ce soir tout le village,
Et je vais tout disposer pour le bal ;
Car vous dans'rez... ce doit êtr' de votre âge.

SUZETTE.

Eh quoi ! sans vous ?

BERTRAND.

Sans moi, ça m'est egal.
Seul'ment, ce soir, sans rien dire, en silence,
Derrière vous je compte me placer...
J' suivrai vos pas... et j'aurai, si j' ne danse,
J'aurai du moins l' plaisir d' vous voir danser.

(Il sort.)

SCÈNE VI.

SUZETTE, seule.

Ah l'honnête homme !... que je voudrais

l'aimer! et combien il le mérite!... Pourquoi, hélas! ça ne dépend-il pas de moi? Pourquoi une autre image, que je voudrais... et que je ne puis bannir, est-elle toujours là... au fond de mon cœur?... Mais je saurai du moins l'éloigner de mes yeux... je ferai mon devoir... je répondrai à la confiance de Bertrand... et quoi qu'il arrive, je ne verrai plus M. Édouard... *(En ce moment Édouard paraît à la croisée du pavillon.)* O ciel! c'est lui!...

SCÈNE VII.

SUZETTE, ÉDOUARD, à la croisée.

ÉDOUARD *.

Suzette, est-il parti?

SUZETTE.

Monsieur, que venez-vous faire en ces lieux?... me perdre.

ÉDOUARD, courant auprès de Suzette.

Non... mais je viens réclamer mes droits... ces droits, que leur perfidie essaie en vain de m'enlever... Car tu étais à moi... tu m'appartiens par ton amour... Je t'ai épargnée, je t'ai respectée... et quand je pense qu'aujourd'hui même, un autre obtiendra un prix qui n'était dû qu'à moi... que ce Bertrand auquel on t'a sacrifiée...

SUZETTE.

Monsieur...

ÉDOUARD.

Cette idée seule fait bouillir mon sang dans mes veines.

SUZETTE.

Celui que j'ai épousé mérite mon estime, la vôtre; et c'est pour être digne de lui que je ne dois pas vous écouter plus long-temps... Laissez-moi.

ÉDOUARD.

Moi! te laisser!... non... Quelque malheur, quelque danger qui me menace, je reste en ces lieux... rien ne pourra m'en arracher.

SUZETTE.

Quoi! pas même l'idée de compromettre mon bonheur, ou ma réputation! Ah, monsieur! quelle différence!... ce n'est pas là ce que je viens d'entendre.

ÉDOUARD.

C'est que personne ne t'a jamais aimée comme je t'aime... et quels sont ces devoirs qu'on t'a imposés malgré toi, malgré ton cœur... sont-ils plus sacrés que les promesses que tu m'as faites?... Oui, Suzette, c'est moi qui ai reçu tes serments... c'est moi qui suis ton amant, ton mari... Viens, fuyons... suis-moi, si tu m'aimes... *(Il veut l'entraîner.)*

SUZETTE, s'arrachant de ses bras.

Jamais! vous êtes sans pitié pour moi, je le

* Édouard. Suzette

serai pour vous... O ciel! j'entends du bruit... on vient... éloignez-vous.

ÉDOUARD.

Non... je reste.

SUZETTE.

Par grace!... par pitié!... si ce n'est pas pour moi, que ce soit pour lui, pour son repos... J'en appelle à votre honneur... à votre amour... partez à l'instant... ou je croirai que vous ne m'avez jamais aimée.

ÉDOUARD.

Tu le veux, je m'éloigne... *(S'approchant de la croisée et se retirant aussitôt.)* Bertrand est sous cette fenêtre, qui donne des ordres à des ouvriers.

SUZETTE, montrant la porte du fond.

Eh bien, descendez vite par cet escalier.

ÉDOUARD, entendant parler du dehors.

Impossible!... C'est la fermière... c'est madame Pinchon!... Que diable vient-elle faire ici?... Ne crains rien, Suzette, je serai prudent.

(Il se cache derrière le paravent et le referme sur lui.)

SUZETTE.

O mon Dieu! vous me punissez de l'avoir écouté!

SCÈNE VIII.

ÉDOUARD, au fond, caché derrière le paravent: SUZETTE, Mme PINCHON.

MADAME PINCHON, en dehors, parlant à la cantonade.

Comment donc, messieurs! avec plaisir... Cette contre-danse-là, et les autres. Pour valser, c'est différent... impossible... Non pas que monsieur Pinchon soit jaloux; mais je me dois à moi-même... je ne peux pas me permettre... parceque, avec des jeunes gens de Paris, la tête tourne si vite. *(Apercevant Suzette.)* Ah! cousine, vous voilà... que faites-vous donc seule?... un jour de noces, cela n'est pas convenable... Est-ce que vous n'avez pas vu les apprêts du bal?

SUZETTE, troublée.

Si... si vraiment.

MADAME PINCHON.

Ce que vous ne savez pas... ou plutôt, ce que tu ne sais pas, parceque entre cousines on peut se tutoyer... les dames du château y viendront, les jeunes gens aussi... Je suis invitée pour toutes les contre-danses... et comme ce sera joli! des guirlandes de fleurs, un orchestre magnifique... C'est Bertrand qui arrange tout cela... il est par-tout; il se donne un mal, qui le rend si heureux... parceque avec lui, je le connais, ce sera toujours comme ça... Pour lui la peine, et pour toi le plaisir... et vois-tu, cousine, ce n'est pas parcequ'il est de ma famille, mais tu ne pouvais choisir un meilleur mari.

SUZETTE, *se tournant du côté du paravent.*

Je le crois... aussi je l'aime beaucoup.

MADAME PINCHON.

C'est-à-dire, tu l'aimes... tu l'aimes... tu n'en es pas folle.

SUZETTE.

Que dites-vous?

MADAME PINCHON.

Tu ne l'aimes pas... d'amour... c'est bien aisé à voir, et je m'en suis aperçue au premier coup d'œil... mais il n'y a pas de mal... c'est ce qu'il faut : ça n'en ira que mieux.

SUZETTE.

Comment, madame Pinchon?

MADAME PINCHON.

Entre femmes, entre cousines, on peut tout se dire; et je t'avouerai que moi aussi, quand je me suis mariée, je n'avais pas d'amour pour monsieur Pinchon... O mon Dieu ! pas un brin... et d'un autre côté, je ne manquais pas d'amoureux, et de bien gentils... Mais les amoureux, vois-tu bien, ça n'est que pour durer un instant; les maris, ça dure toujours... Il faut donc, en fait d'ça, choisir du bon et du solide, parceque, une fois pris, on ne peut plus en changer... et c'est ce que j'ai fait... Monsieur Pinchon n'était pas un élégant, mais c'était un brave garçon... c'était sur-tout un bon caractère... j'ai son amour, sa confiance... c'est moi qui commande, qui ordonne, qui fais tout dans la maison... chaque jour je me félicite d'avoir un si bon mari... Eh bien, Bertrand vaut encore mieux, si c'est possible.

SUZETTE.

N'est-il pas vrai?

MADAME PINCHON.

Il a autant de bonnes qualités, et plus de mérite encore... plus de considération... c'est un brave militaire, c'est l'honneur du pays, et jamais on ne s'aviserait de manquer à lui, ni aux siens... Faut voir seulement quand il passe dans le village, comme tout le monde met la main à son chapeau, en disant : *C'est monsieur Bertrand.* Et l'autre jour, à la ville, où je lui donnais le bras, comme les factionnaires lui portaient les armes... comme j'étais fière, en disant : *C'est mon cousin!* Eh bien, toi, tu diras : *C'est mon mari!*... et chez toi, dans ton intérieur, en voyant combien il te rend heureuse, tu feras comme moi... cet amour, que tu n'avais pas, viendra peu à peu... peu à peu.

AIR : T'en souviens-tu ?

Dans mon ménage, et sans l' vouloir peut-être,
Je fais parfois enrager mon mari;
Et si pourtant l' moindr' danger pouvait naître,
Sans hésiter, j' donn'rais mes jours pour lui.
Car je lui dois c' bonheur que rien n' rachète,
Mes deux garçons, ma fille... et dans quelqu' temps,
Ainsi que moi, tu le sauras, Suzette,
On aim' toujours le pèr' de ses enfants.

ÉDOUARD, *entr'ouvrant le paravent.*

Maudite femme!... elle ne s'en ira pas.

SUZETTE, *réfléchissant.*

Comment? cousine, répète-moi ça, je t'en prie.

MADAME PINCHON.

A la bonne heure... voilà que tu me tutoies aussi.

SUZETTE.

Tu n'aimais pas ton mari?...

MADAME PINCHON.

Demande-lui plutôt.

SUZETTE.

Mais, au moins, tu n'en aimais pas un autre... tu n'aimais personne.

MADAME PINCHON.

Eh! eh! je ne voudrais pas en jurer.

AIR : Ce que j'éprouve en vous voyant.

C'est mon secret, j' veux bien tout bas
T'en faire ici la confidence...
Mais sur-tout garde le silence,
Car Pinchon ne s'en doute pas,
Mon mari ne s'en doute pas.
Vois-tu bien, en pareille affaire,
Sur l' passé n' faut pas revenir,
On n' pouvait pas le garantir :
C'est déjà bien assez, ma chère,
De répondre de l'avenir.

Je crois donc que j'aimais un jeune homme bien gentil... seize ans, tout au plus.

SUZETTE.

Quelqu'un du village?

MADAME PINCHON.

Mieux que cela... quelqu'un du château... tu ne le diras à personne... le fils de monsieur le comte... monsieur Édouard.

(Édouard, qui avait avancé la tête hors du paravent, la retire vivement.)

SUZETTE, *à part.*

O ciel! comme moi! et je ne m'en suis pas aperçue... (*Haut, et avec émotion.*) Et lui ne t'aimait pas?

MADAME PINCHON.

Au contraire, comme un fou, à en perdre la tête... Il me poursuivait par-tout; il me disait qu'il n'avait jamais éprouvé d'amour pareil.

SUZETTE, *à part.*

Comme moi.

MADAME PINCHON

Et qu'il m'aimerait toujours... et puis il pleurait; il se désespérait... et se jetait à mes pieds...

SUZETTE, *à part.*

Comme aujourd'hui.

MADAME PINCHON.

Et un jour, enfin... je ne sais plus au juste ce qu'il me demandait... car il demandait toujours, et il était très exigeant, il s'écria que si je le refusais, il allait se tuer.

SUZETTE, à part.

O ciel! comme tout-à-l'heure. (Haut.) Et qu'en est-il arrivé?

MADAME PINCHON.

Je n'en sais rien... Je me suis enfuie tout effrayée, parceque j'ai toujours eu peur des armes à feu... mais ce que je sais, c'est que j'ai épousé monsieur Pinchon, et qu'il n'en est pas mort.

SUZETTE, avec douleur.

Il te trompait donc?

MADAME PINCHON.

Lui!... ô mon Dieu non!... le pauvre garçon était de bonne foi, et il m'aimait autant qu'il pouvait aimer... D'abord, j'étais sa première inclination... mais ça ne pouvait nous mener à rien; il ne pouvait pas m'épouser... il a pris son parti, et moi le mien... Il s'est consolé; c'est ce qui arrive toujours.

SUZETTE.

Tu crois?

MADAME PINCHON.

Par exemple... une chose dont je suis bien sûre, c'est que depuis il m'est resté fidèle... il ne me rencontre pas de fois qu'il ne me dise des mots de tendresse... sans conséquence...

SUZETTE.

Comment!... il oserait...

MADAME PINCHON.

Avant-hier encore il a couru après moi dans le jardin; il m'a embrassée... toujours sans conséquence... Mais ce matin, il voulait que je vinsse dans ce pavillon pour régler les comptes de la ferme... et ce Pinchon qui le voulait aussi; mais ça, c'est différent.

AIR : De sommeiller encor, ma chère.

On ne sait pas, dit la prudence,
Ce qui peut arriver; aussi
J'ai refusé par prévoyance,
Non pour moi, mais pour mon mari.
Pauvre garçon! lorsque j'y pense,
Si jamais il était trahi...
Je l'aime tant, qu'en conscience,
Ça m' frait trop de peine pour lui.

Parceque, vrai... il ne mérite pas ça; et tiens... tiens, le voilà, ce brave et honnête homme.

(Suzette et madame Pinchon vont au-devant de Pinchon, qui entre dans ce moment.)

ÉDOUARD, ouvrant le paravent et apercevant Pinchon.

Allons, encore un autre... impossible de s'en aller, ils me feront rester là jusqu'au soir.

(Il se cache derrière le paravent.)

SCÈNE IX.

LES PRÉCÉDENTS, PINCHON.

PINCHON.

C'est ça; vous êtes là à causer toutes les deux, et vous ne savez pas ce qui arrive.

MADAME PINCHON.

Qu'est-ce donc?

PINCHON.

Monsieur Édouard qui est perdu... Dis donc, ma femme, tu ne sais pas où est notre jeune maître? (Suzette se retire vers le fond, auprès de la porte de l'appartement à gauche*.)

MADAME PINCHON.

C'te question! Est-ce que tu me l'avais donné à garder?... mais comme te voilà fait! comme ta cravate est arrangée! (Elle la lui arrange.)

PINCHON.

Dame! tu n'étais pas là pour me la mettre... Je te disais donc qu'on ne trouve pas monsieur Édouard au château; et Bertrand, qui déja ne l'a pas vu à sa noce, est inquiet de lui, et le cherche par-tout pour lui présenter sa femme, parcequ'il veut que ce soit lui qui tantôt ouvre le bal... et c'est trop juste.

SUZETTE.

Ah mon Dieu!

MADAME PINCHON, à Suzette.

Eh bien! qu'as-tu donc?... comme te voilà pâle!

SUZETTE.

Oui, je souffre beaucoup... mais je te remercie... je vous remercie tous deux... nous ne nous quitterons plus... vous seuls êtes mes véritables amis.

PINCHON.

Eh! mais sans doute, vous et votre mari... cela va sans dire... car les amis de ma femme sont toujours les miens.

MADAME PINCHON.

N'est-ce pas?... Tu vois que je l'élève dans de bons principes.

SUZETTE.

Venez, venez; sortons de ces lieux... allons retrouver tout le monde.

PINCHON.

C'est ça.... Allez toutes les deux... moi, je reste ici, parceque j'attends Bertrand, qui doit venir m'y retrouver.

SUZETTE, à part.

Grands dieux!... (Haut.) Je reste alors, je reste aussi. (A part.) Que devenir, et comment le renvoyer?

(Elle passe du côté du paravent.)

PINCHON, examinant l'intérieur du pavillon.

Savez-vous que c'est gentil, ce pavillon!... c'est joliment décoré!... C'est donc là le présent de noces de monsieur le comte?... ça et les trente arpents qui en dépendent.

MADAME PINCHON.

Oui, sans doute.

PINCHON, passant entre les deux femmes.

Et rien avec?... rien de plus?

SUZETTE, avec impatience.

Non vraiment.

PINCHON *.

Eh bien ! ce n'est guère ; et je croyais qu'à cause de Bertrand il ferait mieux les choses... parceque, certainement, après ce qu'il lui doit, après ce dont j'ai été le témoin...

MADAME PINCHON.

Quoi ! qu'est-ce que c'est ?... qu'est-ce que tu as vu ?

PINCHON.

Rien, rien, madame Pinchon... c'est quelque chose qui nous regarde, nous autres hommes... quelque chose que je sais.

MADAME PINCHON.

Et comment alors se fait-il que je ne le sache pas ?... tu as donc des secrets pour moi ? j'n'ai donc plus ta confiance ?

PINCHON.

Mais si, madame Pinchon... mais ce n'est pas mon secret... c'est celui de Bertrand.

MADAME PINCHON, montrant Suzette.

Eh bien, alors, voilà sa femme qui a droit de le connaitre, parceque, certainement, tu ne voudrais pas troubler leur ménage... Il faut donc qu'elle sache tout, et moi aussi...

PINCHON.

Mais, ma femme...

MADAME PINCHON.

C'est dans l'ordre... c'est convenable.

PINCHON.

Mais je te dis...

MADAME PINCHON.

Et puis, je le veux.

PINCHON.

Alors, si c'est comme ça, je vais te le dire, mais Bertrand se fâchera.

MADAME PINCHON.

Ça nous regarde... va toujours, et achève ton récit...

PINCHON.

C'est donc, il y a deux ans, quand j'ai été à Strasbourg, pour la succession de ton oncle... monsieur Édouard y était en garnison, et Bertrand y était parti quelques jours après, pour le rejoindre, parceque monsieur le comte lui avait dit : « Ne quitte pas mon « fils... veille sur lui, je te le confie... » Je vois donc, un matin, Bertrand entrer dans mon auberge, pâle et défait... « J'arrive, me dit-il ; « je viens, dans un café, d'en apprendre de « belles : demain monsieur le comte n'aura « plus de fils. » (Pendant le récit de Pinchon, Édouard se montre hors du paravent, et écoute avec la plus grande attention.)

SUZETTE.

O ciel !

PINCHON.

Oui, mademoiselle, monsieur Édouard devait se battre le lendemain avec un monsieur de la ville... un monsieur qui avait déjà eu quinze duels... qui n'avait jamais manqué son

* Suzette, Pinchon, madame Pinchon.

homme, et qui était toujours sûr de son coup... et tout cela pour une petite danseuse à qui, depuis deux ans, monsieur Édouard faisait la cour. (Édouard, en ce moment, se retire encore derrière le paravent.)

MADAME PINCHON.

Depuis deux ans... quelle indignité !... c'était de mon temps.

PINCHON.

Quoi !... qu'est-ce que c'est ?

MADAME PINCHON.

Ça ne te regarde pas... va toujours, et achève ton récit.

PINCHON.

« Pinchon, me dit Bertrand, ce duel a lieu « demain matin : il faut l'empêcher aujour- « d'hui ; et sans qu'on le sache, parceque ça « ferait du tort à notre jeune maitre... Par « bonheur, ni lui ni personne ne connait en- « core mon arrivée à Strasbourg... J'aurai be- « soin de toi... Attends-moi là... je reviens dans « une heure... »

MADAME PINCHON.

Eh bien ?

PINCHON.

Eh bien ! savez-vous ce qu'il fait pendant ce temps-là ?... il se rend au café où se tenait ce grand monsieur, le regarde de travers, lui marche sur le pied... en reçoit un soufflet, et revient tout triomphant... « Maintenant, me « dit-il, partons ; c'est mon affaire... ça me re- « garde... c'est toi qui seras mon témoin. »

MADAME PINCHON.

Toi !... Pinchon !...

PINCHON.

Moi-même... et je tremble encore d'y pen- ser. Dieux ! ma femme, que c'est terrible, un duel !

AIR : Ces postillons.

A trente pas l'un sur l'autre on s'avance ;
    Et Bertrand marchait tout joyeux,
En fredonnant un p'tit air de romance,
Quand retentit soudain un coup... puis deux...
Je ne vis rien, car je fermais les yeux.
Tel fut mon trouble, en ce moment funeste,
Qu'en entendant un des témoins, je crois,
Qui s'écriait : Il est mort... je l'atteste,
    J'ai cru que c'était moi.

Mais c'était l'autre... le grand... Je vois aussi Bertrand étendu sur le gazon, qui m'appelait en souriant... « Pinchon, qu'il me dit, n'en « parle à personne. » Personne ne l'a su... On a cru que c'était un accident... et voilà, mademoiselle, ce qui fait que mon pauvre Bertrand a une jambe de bois.

ÉDOUARD, qui pendant ces derniers mots s'est avancé hors du paravent.

Grands dieux !

SUZETTE, avec un cri d'effroi.

Ah !

(Édouard rentre et se cache.)

MADAME PINCHON.

Quoi!... qu'est-ce que c'est? d'où vient ce bruit?

SUZETTE.

Rien, rien... c'est moi... je n'ai pu retenir un cri de surprise et d'admiration!... O le meilleur des hommes!... Tu avais raison... je l'aime maintenant ; je l'aime d'amour.

MADAME PINCHON.

Eh bien! tu l'entends, tu pourras lui dire à lui-même.

(Pinchon et sa femme vont au-devant de Bertrand. Pendant ce temps Édouard ouvre le paravent, qui est près de la croisée ; il est pâle, hors de lui, et dit à voix basse à Suzette :)

Suzette, aimez-le... adieu pour toujours.

(Il s'élance par la croisée.)

SCÈNE X.

LES PRÉCÉDENTS, BERTRAND.

MADAME PINCHON [1].

Ah! Bertrand... le voilà.

BERTRAND.

Oui, mille-z-yeux... tout est prêt ; et presque tout sera aussi bien que si mademoiselle Suzette l'avait commandé... Une table de cinquante couverts sous la grande allée de tilleuls, et cela rien que pour les fiançailles... Voilà déjà tous nos convives qui arrivent... ainsi, partons.

PINCHON.

Et monsieur Édouard?

BERTRAND.

Je ne l'ai pas vu ; mais je ne suis plus inquiet, parceque son père lui-même est tranquille, et m'a dit : Je sais où il est... C'est quelque affaire qui lui sera survenue... il reviendra plus tard, je l'espère.

SUZETTE, à part.

J'espère bien que non...

MADAME PINCHON.

Ce cher Bertrand!... tiens, cousin, je t'en prie, laisse-moi t'embrasser.

BERTRAND.

Bien volontiers!... morbleu... ce baiser-là... avec la permission du cousin.

MADAME PINCHON.

Moi, je le donne sans permission (avec attendrissement.) parceque tu es un honnête homme.

PINCHON, pleurant de joie.

Un brave et digne garçon.

BERTRAND, les regardant avec étonnement.

AIR : Ce luth galant.

Qu'avez-vous donc? d'où vient c't air attendri?
Ils pleur'nt tous deux... eh quoi!... Suzette aussi!

[1] Suzette, Bertrand madame Pinchon Pinchon

(Courant à elle.)
Qui peut causer ces pleurs qu'en vain vos yeux re-
[tiennent?
Je n' veux rien d' vos plaisirs, qu'à vous seule ils
[reviennent.
    Mais me v'là marié,
    Vos chagrins m'appartiennent,
    Et j'en veux la moitié.

MADAME PINCHON.

Des chagrins!... elle en avait ; elle n'en a plus.

BERTRAND.

Est-ce vrai, mademoiselle Suzette?

SUZETTE.

AIR de la Robe et les Bottes.

Je n'en ai qu'un, un seul qui m'inquiète.

BERTRAND.

Lequel ?

SUZETTE.

D'où vient que, même entre nous deux,
Vous m'appelez toujours mamsell' Suzette ?

BERTRAND.

C'est que j' n'ose pas dire mieux.
C'est p't'-être aussi dans votre intérêt même ;
Car votre nom, quand je l' prononce, hélas!
    Me rappelle quelqu'un que j'aime ;
    Le mien, quelqu'un qu' vous n'aimez pas.
Oui, votre nom m' rappell' quelqu'un que j'aime;
    Le mien, quelqu'un qu' vous n'aimez pas.

SUZETTE.

C'est ce qui vous trompe... je suis votre femme... je suis fière d'en porter le nom.

BERTRAND.

Qu'entends-je! il serait possible!

SUZETTE.

Silence... Voici monsieur le comte.

SCÈNE XI.

LES PRÉCÉDENTS, M. DE BREMONT;
ÉDOUARD, en costume de voyageur.

M. DE BREMONT [1].

Nous voulions, mon cher Bertrand, assister à la fête d'aujourd'hui ; mais un ordre supérieur nous force de retourner... à l'instant même à Paris.

BERTRAND.

Comment! il se pourrait?... Comment, mon général! un jour comme celui-ci... et mon capitaine, sur lequel je comptais.

ÉDOUARD.

C'est impossible, Bertrand... le devoir m'ordonne de partir, de rejoindre mon régiment ; et tu sais, mieux que personne, que quand le devoir commande...

BERTRAND.

C'est juste ; je ne dis plus rien.

[1] Suzette, Bertrand Édouard. M. de Bremont madame Pinchon. Pinchon

ÉDOUARD.

Si je ne reste pas à tes fiançailles, je ne re-
nonce pas pour cela au présent de noces que
j'ai le droit de te faire... Voici, avec la permission de mon père, une donation de la
ferme que tiennent Pinchon et sa femme...
Désormais elle t'appartient, elle est à toi.

PINCHON, à sa femme.

Le cousin serait notre propriétaire!

BERTRAND.

Y pensez-vous, mon capitaine?... à nous,
quatre mille livres de rente?... ah çà, mille-
z-yeux... avez-vous perdu la tête?

ÉDOUARD, bas, et lui serrant la main.

Et toi, as-tu perdu la mémoire?...Souviens-
toi de Strasbourg... accepte, et tais-toi.

M. DE BREMONT.

Viens, viens, mon ami... viens, mon fils,
je suis content de toi... Dans quelques années,
je vous le ramène colonel.

MADAME PINCHON.

Et marié, ce qui vaut encore mieux.

FINAL.

AIR de LA DAME BLANCHE : Ah, quel plaisir d'être soldat!

MADAME PINCHON.

Ah, quel plaisir d'être marié!
    A votre hymen, je pense,
Tout le village s'ra prié;
Que d'époux de ma connaissance

Avec nous diront de moitié :
Ah, quel plaisir! le v'là marié.

PINCHON, BERTRAND, SUZETTE.

Ah, quel plaisir d'être marié!

ÉDOUARD.

(A Suzette.)
Adieu, Bertrand... adieu, madame.

BERTRAND, à Suzette.

Mes vœux sont-ils réalisés?
Puis-je enfin vous nommer ma femme?
Ou mes sens sont-ils abusés?
    Eh quoi! vous vous taisez!

(Suzette lui remet la clef.)
Ah! ah! ah! quel bonheur d'être marié!

(Pendant ce temps, M. de Bremont entraîne Édouard vers
la porte. Madame Pinchon l'arrête pour lui faire ses
adieux; Édouard prend la main de Pinchon, et salue
affectueusement madame Pinchon.)

ENSEMBLE.

PINCHON et SA FEMME, SUZETTE et BERTRAND.

Ah, quel bonheur d'être marié!

ÉDOUARD.

Partons, que tout soit oublié.

M. DE BREMONT.

Il te reste mon amitié.

(Bertrand est aux pieds de Suzette, qui vient de lui re-
mettre la clef; M. de Bremont et Édouard s'éloignent;
Pinchon et sa femme regardent avec attendrissement
Bertrand et Suzette. — La toile tombe.)

FIN DU MARIAGE DE RAISON.

PARIS.—IMPRIMERIE NORMALE DE JULES DIDOT L'AINÉ.
n° 4, boulevart d'Enfer.